Social
E-commerce

社交电商
裂变式增长

贺关武 ◎ 著

电子工业出版社
Publishing House of Electronics Industry
北京·BEIJING

内容简介

2019年，互联网产品用户数量不再是阶梯式增长，而是利用社交平台从0到1万、从1万直接到1000万的裂变式爆发增长。

本书探讨社交电商，从思维、技能、成长到社交电商化裂变、电商社交化重塑，有运营策略和操作技巧，解析最新的社交电商爆发式增长案例，每一节内容都配有一张思维导图，帮助大家加深记忆。一步步教会大家在面对10亿名社交用户时，如何利用社交平台以低成本实现用户的爆发式裂变增长。

本书适合广大的互联网创业者、面临转型的传统企业主、电商从业者、个人自媒体从业者，以及爱好网络社交的广大用户。

未经许可，不得以任何方式复制或抄袭本书之部分或全部内容。
版权所有，侵权必究。

图书在版编目（CIP）数据

社交电商：裂变式增长 / 贺关武著. —北京：电子工业出版社，2019.10
ISBN 978-7-121-37314-5

Ⅰ. ①社… Ⅱ. ①贺… Ⅲ. ①网络营销 Ⅳ. ①F713.365.2

中国版本图书馆 CIP 数据核字（2019）第 187403 号

责任编辑：黄爱萍
印　　刷：三河市双峰印刷装订有限公司
装　　订：三河市双峰印刷装订有限公司
出版发行：电子工业出版社
　　　　　北京市海淀区万寿路 173 信箱　　邮编：100036
开　　本：720×1000　1/16　印张：11　字数：176千字
版　　次：2019年10月第1版
印　　次：2019年10月第1次印刷
定　　价：49.00元

凡所购买电子工业出版社图书有缺损问题，请向购买书店调换。若书店售缺，请与本社发行部联系，联系及邮购电话：（010）88254888，88258888。
质量投诉请发邮件至 zlts@phei.com.cn，盗版侵权举报请发邮件至 dbqq@phei.com.cn。
本书咨询联系方式：（010）51260888-819，faq@phei.com.cn。

前　言

我的第一本关于社交电商的书《社交电商运营策略、技巧与实操》已经出版3年了，在出版后收到了无数读者的反馈，社交电商已经逐步被大家接受和认可，再加上这3年里新生的社交平台如抖音、快手、小红书等迅速增长，市场状况也有了很大变化。

2015年传统互联网红利触顶，互联网从业者都感受到市场发生了巨大的变化，以淘宝、京东为首的传统电商平台格局形成，以今日头条、腾讯新闻等为首的资讯媒体平台格局也已经形成，网络社交越来越集中向微信、QQ聚拢，没有给创业者留下太多的机会。这些平台占据了用户大量的时间，如果类似的项目想从这些平台上把用户拉过来，那么将耗费巨大的成本。其他平台的线上流量在减少，其他营销渠道的广告效果也在变差，甚至有一些品牌商重新回归到传统媒体，又重视起电视广告。移动互联网时代的用户已不分是线上的还是线下的，所有公司对营销的实际效果要求越来越高，监测手段也越来越高，各公司的营销负责人都面临着巨大的挑战。

"社交裂变+技术+创意"的营销模式正在成为营销市场的主导，2018年，luckin coffee、拼多多、趣头条等新的商业模式的表现异常突出，它们都是利用这种营销模式迅速获得流量的。社交流量红利正在爆发，社交裂变已被大家重视起来。

社交裂变使用增量思维做营销，产品所有的功能和细节都是为吸引新

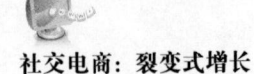

用户做的，尤其是在做活动的时候要把吸引新用户作为核心，抛弃过去的流量思维，把运营的重点转移到用户增量上。

本书从以下两个方面讲解用户增量思维。

一方面，从社交电商趋势开始，以社交裂变技巧为主，全面阐述了场景化社交、圈子营销、个人社交自媒体、用户触点、事件营销、故事营销等，掌握了这些实操技巧才会明白社交平台的潜力，才能知道如何将社交流量转化到自己的平台上。

另一方面，以实战为主，从社交平台的电商化趋势到新商业模式的社交化裂变，对主流的社交平台抖音、快手、微博、淘宝直播等做了全面剖析，并结合 luckin coffee、拼多多、盒马、每日优鲜等经典案例，深度分析了如何利用增量思维从社交平台获得源源不断的流量。

这些操作技巧和案例分析涉及多个平台和多种营销方式，为了方便大家记忆，将每一节内容都做了简单的思维导图。

最后，非常感谢广大读者对本书的支持，祝您开卷有益！

目　录

01 思维篇：机会总是留给认真做事的人

社交电商新趋势 \2

有裂变机会的社交平台 \10

如何将网络社交发展成强关系 \16

初创企业如何获得第一批用户 \22

渠道下沉带来的新机会 \26

每个人都能成为"社交自媒体" \31

02 技能篇：利用社交平台成为超级个体

场景化社交 \38

玩转互动的6个技巧 \43

激发分享的内容标准 \49

玩转圈子营销的6个步骤 \54

从一个产品开始 \59

差异化的人格表达方式 \63

用户触点优化技巧 \67

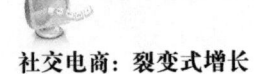

03 成长篇：社交裂变的营销逻辑

激发粉丝活跃度的 6 种方法 \75

网络社交需要本地化 \81

信任代理裂变的 5 种方式 \87

事件营销的裂变技巧 \92

从拉新到裂变的方式 \96

如何讲好一个品牌故事 \100

04 实战篇：社交电商化的裂变式增长

抖音的模仿式裂变 \106

快手网红的"卖货"能力 \112

微博"大V"的影响力变现 \118

淘宝直播边看边买的逻辑 \124

05 重塑篇：电商社交化重塑整个行业

luckin coffee 的社交裂变法则 \131

拼多多的渠道下沉、社交拼团裂变 \140

盒马的社交场景式裂变 \147

趣头条的社交挖矿式裂变 \152

每日优鲜的近场景社交裂变 \157

电动汽车的社交自传播裂变 \161

社区电商的社交复制裂变 \165

01 思维篇：机会总是留给认真做事的人

没有好时代，也没有坏时代，现在就是一个很好的时代。在认真做事的人眼中，机会永远存在，所谓的风口只不过是新生概念而已，时刻关注，迎头赶上即可，并不需要费尽心思去预测，认真做好该做的事才是王道。

社交电商：裂变式增长

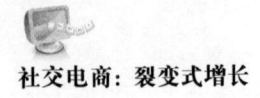

社交电商新趋势

2019年1月15日，今日头条创始人张一鸣发布社交产品"多闪"，口号是"这是年轻的时代"；锤子手机创始人罗永浩发布社交产品"聊天宝"，口号是"我们想和这个世界聊聊"；快播创始人王欣发布社交产品"马桶MT"，口号是"我们换个方式聊"。

同一天三位不同行业的领军人物同时发布新的社交产品，在过去的2018年，社交平台创造了很多奇迹，luckin coffee的社交裂变、拼多多的社交拼团裂变、趣头条的分享裂变、每日优鲜的会员制社交裂变等，这些成功都离不开社交平台。

从零售史看社交电商的发展。从农贸集市发展为供销社，再发展到商业化结构商场和超市，尤其是当连锁店商业模式开始盛行的时候，电商跨越一个新的台阶，也就是我们现在看到的连锁超市、连锁商场等，即商超模式。

商超模式的零售到目前为止仍占整个零售规模的90%左右，商超走区域化路线，虽然利润非常丰厚，但商品结构比较单一。以卖家为主，消费者几乎没有选择的权利，卖家卖什么，消费者就只能购买什么，以线下实体为核心。宣传的方式主要是地推、报纸、电视，以商业地产为核心，房租占很大成本。在经营的过程中，创业者不断尝试如何将线下实体的经营方式与线上经营的方式相结合。

总之商超时代其实是一个以实体为主的时代，也是一个"英雄"辈出的创业时代。

在商超时代过后就迎来了传统意义上的电商崛起，也就到了 PC 电商时代。大约从 2005 年前后开始，C2C、B2C 电商模式成为主流。

如今比较主流的是淘宝网、天猫、京东、唯品会等几个综合类的电商平台，对传统的商业模式有一定冲击，同时促使传统实体店进军电商。

电商运营的核心是产品的高性价比，抓住了与传统商业之间的暴利差机会，产品的高性价比无论是对商家还是对用户都有好处。在网上开店，让商家做生意变得更简单，节省了大量的租金成本、人力成本。

虽然电商对现代商业的冲击很大，但是它所占据的传统商业的份额还不到 10%，而且电商助推了传统商业的变革。

电商发展到今天，传统企业的大品牌及连锁品牌占据了电商平台各行业类目的头部，总体销售额在 80% 以上。现在的用户，已经开始关注有知名度的、质量比较稳定的大品牌。

2016 年，社交电商开始盛行。从 2016 年年初到 2019 年年初，微信用户数迅速增长，每人日均耗时 90 分钟，智能手机已经非常普及，很多农村人口也成为了网民，互联网红利就是新增网民人口红利，新网民就是新渠道、新机会。

社交电商再次降低了做生意的成本，商业行为甚至不需要在 PC 端完成，只要有一部能上网的智能手机，就可以完成交易。

利用社交平台，可以通过自己的朋友圈或者微信群，制作一些简单的

社交电商：裂变式增长

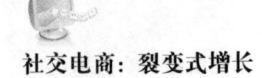

海报来宣传以获得流量。当然，社交电商也需要非常多的营销技巧。

社交平台的营销技巧包括：在朋友圈里怎样描述产品，在微信群里怎么做运营；做个人自媒体怎样写文章、怎样传播、怎么写标题、怎么开微店等；如何利用短视频、直播等做营销。

笔者在2016年出版的第一本社交电商著作《社交电商运营策略、技巧与实操》中写到：能改变这一切的只有社交电商，在未来的5年到10年里，社交电商将会逐步渗透到各个行业，影响到每一个人。并首次提出"社交电商化，电商社交化"的概念。

但在短短的两年时间里，就已经实现了"社交电商化，电商社交化"，已经有很多公司享受到社交平台的红利。目前社交平台拥有10亿多个用户，这么多的用户正等待着大家去深度挖掘，使其成为自己的产品用户。

立足于社交电商市场的拼多多、趣头条仅用了3年左右的时间就上市了，传统互联网大公司阿里巴巴、腾讯等，为了实现上市目标何止用了3年，而且公司上市的速度越来越快。

新增网民首先是社交平台用户，对于这一点，大家要有明确的认知。每一家互联网公司都在寻找自己的"护城河"，即自己独特的竞争优势，希望把用户留在自己的平台上。其实一款互联网产品真正的"护城河"就是社交、互动，只有这样才能抓住用户、提升用户的活跃度，并让用户之间产生关系链。

如果用户放弃使用你的产品，就意味着其要放弃这个关系链，脱离此圈子，这对于用户来说是一个巨大的成本付出。如果你的产品能让用户想到这一点，那么"护城河"就形成了。

比如，很多企业家为什么会买特斯拉的车？大部分原因是买了特斯拉的车就能够进入特斯拉车友自己组织的俱乐部，这种"资源+社交"的平台对生意场上的人有天然的吸引力。

如果产品只是一对多地售卖和服务，仅仅是用户和产品发生关系，那么竞争对手就会以更低价格的产品和更优质的服务抢走你的用户。

大家都看到了社交平台的潜力，每年都有大量的创业者涉足社交平台项目，但成功者寥寥无几，社交项目被认为是最诱人的"毒苹果"。

目前微信已经发展成为让人离不开的社交平台，因为大多数人的社交关系都在这上面，用微信发信息、打电话，甚至用微信群做工作汇报等。有很多人每天都要花好几个小时在微信上，每天早上起床后的第一件事也是看微信，甚至有人在走路、吃饭、上厕所时都会有意无意地关注微信上是否有人发消息。

通常有人群聚集的地方就有商业，微信电商从朋友圈卖货开始，到微商，再到社交裂变爆发式增长，这是一个不断优化和进步的过程，很多人通过社交平台获得了人脉，找到了工作，赚到了钱，成就了事业。一个将10亿多个用户链接起来的平台，创造了无数的奇迹。

社交电商平台裂变的三大趋势如图1所示。

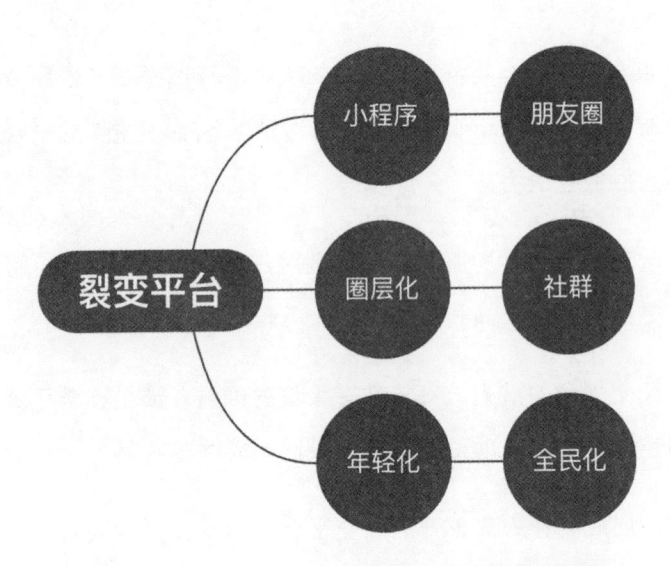

图 1 社交电商平台裂变的趋势

（1）微信小程序+朋友圈裂变

对于用户而言，小程序解决了大部分刚需、低频服务类 App 的使用门槛，在需要使用时打开小程序，在用完后直接退出即可，不用浪费时间下载，也不占用手机内存。

对于线下实体店也一样，设计一款小程序，让用户扫一扫直接下单，打开速度快，收付款也便捷。

目前小程序已经成为社交电商的基础配置，因为它就是一个便捷的 App。小程序不仅可以卖货，还可以提供服务，同时与微信公众号、朋友圈、微信支付、线下实体等能够实现轻松链接。

如果在同一个生态圈，那么让所有的服务相互配合也是有优势的，比如，将营销场所定位为朋友圈分享裂变，将成交场所定位为小程序，支付方式以微信支付为主，维护用户关系以微信聊天为主，传播产品内容以微信公众号为主,把这些加起来,你的商业模式就成型了。

如何让用户很容易就找到你的小程序?目前微信对附近的人、小程序等功能做了优化,目的就是不断地链接人与人、人与物。

很多公司都开发了小程序,因为利用小程序可以获得社交流量、完成交易,短短的两年时间,小程序已经培养了亿级的用户消费习惯,涉及电商、游戏、培训、点餐等。

从市场趋势来看,小程序依然非常重要,也是所有互联网人应该关注的,微信小程序+朋友圈裂变的模式是小程序最简单的基础架构。

(2)社群+圈层化裂变

提高用户活跃度,增加用户使用时长,激发老用户分享等,这些是在互联网项目运营过程中常见的指标,目的是维护用户关系,用低成本获得用户。

毫无疑问,社群是维护用户关系的最佳场所。社交正在趋于圈层化,在同一圈层里的人有着共同的爱好、共同的话题、类似的消费习惯等。他们可能因为有相同的职业或者相同的收入水平,又或者有相同的爱好等聚在一起,所以能够轻易地测试出产品和服务是不是这个群体的需求。

将目标群体中同一层级的用户组建在一个微信群里,并对微信群进行维护,以用户之间的相同点组建,在合适的时机,以现金、实物及荣誉感等为福利,实现圈层化的裂变。这种裂变往往是现象级的,运营社群的目的是维护裂变基础。但同时要注意圈层固化的问题,要时时刻刻提醒自己千万不要停留在一个圈子里不动。很多人都没有意识到自己已经陷入了圈层固化的陷阱，比如，很久没有升职、没有结交新朋友，跳槽也没有好的途径；创业者总找不到目标用户、总卖不出去产品等。如果出现这种现象，就有可能是你的圈子固化了，要提醒自己走出圈子。

（3）从年轻化到全民化

以往讨论社交电商的用户，总说这是年轻人的消费场所，传统的互联网人趋向于在京东或者淘宝进行消费，50岁以上的人群趋向于在线下实体进行消费。

随着互联网技术的发展，通过传统电商平台多年的运作，支付宝支付和微信支付逐渐普及，网络消费总量在不断增加，有全民化的趋势。

如今喜欢玩游戏的不一定都是年轻人，刷抖音、快手的有大量的中年人和老年人，他们都已成为移动互联网的忠实用户，娱乐只是导火索，所有的线下关系、商业都会通过线上传递给这些用户。

社交电商的发展也一样，以社交平台为入口进入，不再是微商的小打小闹，而是系统化、正规化的品牌运作，社交平台在规范社交电商企业，电商企业在规范社交平台，同时《中华人民共和国电子商务法》也在规范社交平台。

社交平台面向全民化，电商也在全民化，网购成为人们生活中不可缺少的一部分。社交平台用户和网购用户的重叠度达到85%以上，但还有大量的社交用户没有被挖掘。

电商还具有很大的发展空间，除了衣、食、住、行以外，在线教育、线上金融服务、汽车、房地产、B2B市场等都还处于初级阶段，电商需要

01 思维篇：机会总是留给认真做事的人

创新发展。

当前全民化的社交电商之路刚起步，当用户有了网络消费的习惯后，就有了消费的潜意识，也会不断地影响身边的人。社交平台是潜在用户的聚焦地，如果你的平台没有起色，那么并不是你的目标用户不在社交平台消费，而是你缺少社交电商裂变式增长的运营思维。

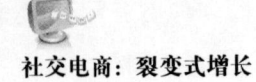

有裂变机会的社交平台

社交裂变的前提是要选对社交平台，应分析平台的特性，调研平台用户群体，明确平台的定位，对平台进行精准定位后才能利用好平台优势，将平台用户变成自己的用户。

具有超过千万级别用户的社交平台都值得关注，尤其是那些用户活跃度较高、日均使用时长超过30分钟的平台，无论多小众的兴趣社交，在国内都能聚集成非常大的用户体量，足以支撑很多相关产业。

按照市场规律，每年都有新社交平台出现，不管是什么形式的平台，能发展起来的都是具有一定吸引力的，值得研究。不同时代的用户赋予社交平台的意义也不相同。根据社交的属性，国内主流的社交平台分为七类，如图2所示。

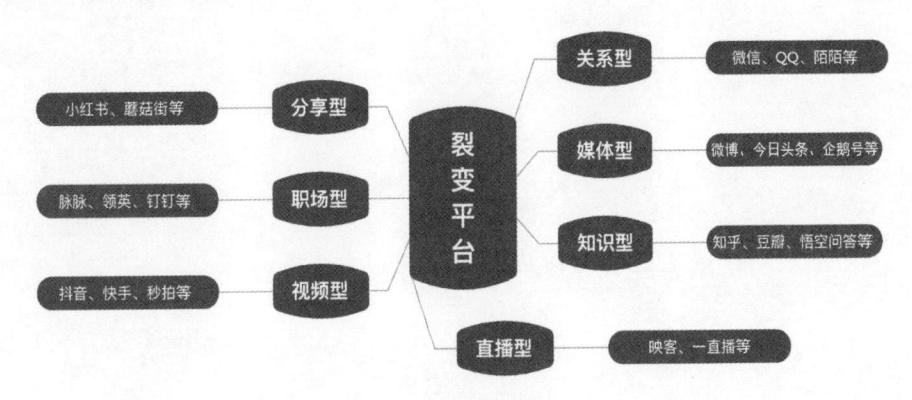

图2 主流的社交平台

（1）关系型社交平台

关系型社交平台有基于熟人关系的微信、QQ，也有基于陌生人社交的陌陌和马桶 MT。

微信和 QQ 几乎涵盖了所有互联网用户，是活跃度较高的社交平台，用户年龄跨度能够横跨几代人，其中微信被公认为是互联网的基础服务和工具。虽然微信被定义为熟人社交工具，但仍然是打破陌生关系的有效途径，所有的熟人关系都是通过陌生关系建立起来的。

目前已经很多人的社交、生活、工作等都在用微信平台交流，微信平台的用户量已经超过亿级，是一个彻底的综合性社交平台。

QQ 用户越来越年轻化，当前大部分小学、初中、高中的学生都在使用 QQ。QQ 与微信一样，都被定位为熟人社交平台，原因很简单，用户基数大、可使用范围广。

（2）媒体型社交平台

微博、今日头条、企鹅号、网易号、趣头条等，这些都是典型的开放性综合媒体平台，传播性极强，用户量非常大。同时还有一些垂直细分的行业类媒体平台，如亿欧网、36 氪、财新网等。这些平台的用户习惯是浏览、评论，通常是用户与平台的单一互动，基于某个观点进行点评。虽然这些平台也有互动的属性存在，可这种陌生人的关系很难因内容而打通，用户之间也很难产生关系。

用户上这类平台的目的是看新闻，因此这类平台非常适合做品牌和事件营销，适合所有企业做自媒体矩阵，也让一部分人成为了自由职业者，

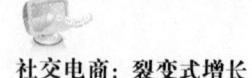

即自媒体人。媒体平台的特性就是"新",不断上传新内容、新热点、新展现的形式,因为每个人对新内容都有需求。

（3）知识型社交平台

知乎、豆瓣、悟空问答等都属于知识型社交平台,以分享专业、有价值、高质量的内容为主,用户登录这些平台的主要目的是学习,寻找专业、有价值的内容。这类平台中的一部分专业人士持续分享某个行业的专业知识,并回答别人的问题,在与用户基于内容的互动过程中,不断地强化个人品牌。

比如知乎,在每个行业都有很多被称为"知乎大V"的人,这种专业人士在知乎上有很多粉丝,并且粉丝的忠诚度和活跃度都很高,因为其在知乎分享的都是专业内容,具有自己独特的观点。这些"知乎大V"也是其他自媒体平台争相抢夺的对象。

知识型社交平台用户的目的性强,大部分用户都是带着问题,通过搜索、分类及收藏解决自己关注的问题的,因此知识型社交平台也暗含了很多营销技巧,非常适合做线索营销。

（4）分享型社交平台

小红书、蘑菇街等都属于分享型社交平台,分享衣、食、住、行等生活方式。用户通过文字、图片、视频的形式分享,记录美好的生活,再通过数据分析进行精准的人群匹配。

以小红书为例：小红书商城是基于用户真实消费体验的口碑营销来运营的。分享型社交平台的运营重点在于分享某个产品的某种特殊性质,以及自己对产品的独特感受，通过不同用户对产品的分享来佐证产品。分享的人越多，品牌的口碑就越好。

小红书在实质上还是内容社交电商平台，基于UGC（用户原创内容）的生活笔记帮助用户了解产品的使用体验，并展示给有需要的用户。

（5）职场型社交平台

脉脉、领英、钉钉等属于职场社交平台，包括一些招聘类的App也具备这个功能。扩展职场中的人脉，连接职场中人与人的关系，帮助创业者和企业高管找到靠谱的人才，这是职场型社交平台要解决的问题。

这类社交平台的难点在于，如果平台偏重于社交，招聘就变成了摆设，毕竟对于大部分公司而言，招聘是人事的工作，与其他人无关，而且关于招聘的交流需要场景，聊天工具解决不了这个问题。

但这些职场社交平台在打通职场关系方面做得很好，你可以轻松地搜索到想要找的某个公司的人，并加他们为好友。

目前职场类社交平台电商化还处于初级阶段，与职场社交匹配度比较高的知识付费、培训等行业已经开始在这些平台上出现。

（6）视频型社交平台

视频型社交平台有抖音、快手、秒拍等，用户可以通过平台制作并分享短视频。短视频被称为是2018年的最大风口，相比文字内容，短视频有着天然的优势，比如，更具有视觉冲击力和娱乐性，也更加直观。

在各大视频平台的共同努力下，拍摄制作短视频变得非常简单，内容

13

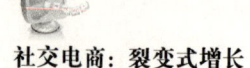

创作者可轻易入门，一个几十秒到几分钟的视频能够在短时间里迅速吸引大众的目光。

4G 的发展让短视频兴起并逐渐普及，当 5G 来临时，将会再次让短视频形成井喷式的暴涨。短视频营销会成为一种趋势，从搞笑、娱乐到垂直细分，从"娱乐流量"到"种草引流"，短视频的核心商业价值正在增加。

（7）直播型社交平台

直播型社交平台有淘宝直播、陌陌直播、一直播、映客、斗鱼等，直播正在成为社交平台的标配工具，就像语音、文字、图片一样。

直播有着巨大的优势，其相比短视频更真实，而且可以达到实时互动的效果，及时回答用户的问题，展现直播者最真实的一面，同样，5G 的到来也会让直播的成本进一步降低，用户的使用成本也会再次降低。

比如，陌陌直播已经成为陌陌平台标配的工具，"社交+直播"成为陌陌的商业模式。

据 Quest Mobile 2018 年 10 月发布的报告显示：陌陌用户每月人均使用时长达 537 分钟，高端机型用户达 46%，付费用户占比 15%，汽车、社交、理财、视频等有一定门槛的内容是陌陌用户较为偏好的。说明陌陌用户在使用黏性、消费能力、付费意愿上都保持在较高的水平。

这些直播型社交平台都有亿级的用户，平台没有好坏之分，只有属性之分，我们只需要搞定这些平台上的一小部分用户即可。比如，斗鱼直播，大量的游戏爱好者都集中在这个平台上，直播的内容是各种赛事，还有一些游戏主播每天只是玩游戏，然后通过直播的方式分享游戏攻略。虽然直播型社交平台都是综合性的直播平台，但由于某些平台偏向于某些方面，所以逐步被用户定义为某些属性比较强的直播平台。

01 思维篇：机会总是留给认真做事的人

如果想做直播平台，那么在刚开始可以先选择一两个平台，打磨自己的内容，了解平台规则和用户喜好，等对这一两个平台熟练了，再去做其他平台。因为网络社交的玩法基本都是互通的，一个平台做好了，其他的平台很容易就能做起来，先将内容做好，然后在其他平台直接做分发即可。

社交电商：裂变式增长

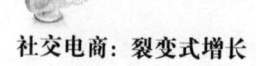

如何将网络社交发展成强关系

社交是人的天性，比如寻找同类、寻找朋友、寻找伴侣、寻找志同道合的人。孤独仅仅是临时状态，只是没有遇到合适的场景、合适的人而已。

在社会认知神经科学奠基人马修·利伯曼的著作《社交天性》中提到："人类是社会的人，人的大脑也是社会脑。人类在漫长的进化过程中，天生喜欢社交，这是人的天性，也是人这个物种自身的需要。"

社交平台为人的这种天性提供了便利，使得人与人之间很容易连接起来，无论性格外向还是内向，都可以在社交平台上找到趣味相投的人。

社交平台为人与人之间的相互寻找提供了路径，寻找路径已经变得非常方便，但仍然存在着各种各样的问题，比如，社交平台本身的虚拟化，在社交网络上无数个节点的无数个人都是虚拟化存在的，虚拟的名称、虚拟的头像，以及虚拟的人生经历。

同时带来很多衍生的问题，比如，网络诈骗时有发生，信任危机越演越烈，没有信任就没有任何营销和成交的机会。人们在使用网络社交时本身就有天然的防御本能，距离感越来越强，网络社交这种关系变得很脆弱，如何把这种弱关系发展成强关系是必须解决的一个问题。

信任是需要过程的，走完了相互信任的过程，就会产生信任感，改变弱关系的现状。

01 思维篇：机会总是留给认真做事的人

如何认识比自己更有影响力的人？如何迅速提高自己的影响力？建立社交强关系流程如图 3 所示。

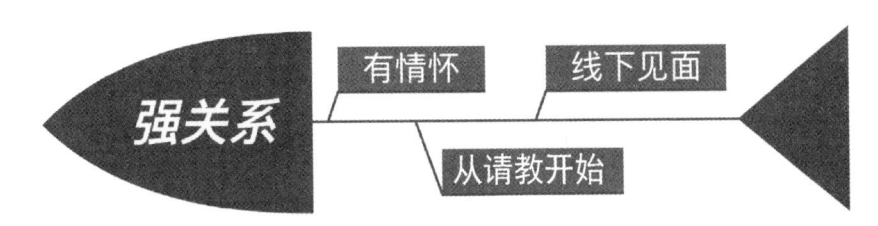

图 3　建立社交强关系的流程

（1）有情怀——网络社交的必需品

情怀不仅是宣传噱头，还是网络社交的必需品。我们所讲的信任路径的前提是你本身就是一个值得信任的人，这个路径仅仅是将你值得信任的一面通过让人容易接受的方式展现出来。

扩展社交半径的第一步就是吸引别人的注意，那么在社交平台如何吸引别人的注意？行业精英、网络"大 V"、网红等，都需要经过长期的训练和坚持才能成功。

最后留给我们普通人能做的只有饱含情怀。情怀与长相无关，与能力也无关。持续做一款产品，并精益求精，通过各种方式，克服各种困难，力求把这款产品做到极致，然后通过网络媒体喊出来，这就是情怀，一定要做到最好，有这种信念才会受到很多人尊重。只要你坚持做下去，无论是否成功，都会吸引其他人的目光。

这是用情怀塑造自己形象的第一步，也是一种有目标的行为。这里要提醒大家的是，在做网络社交的时候，一定要有目标，否则很难坚持下去。

社交电商：裂变式增长

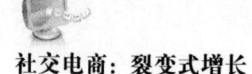

情怀并不像网络上说的那样，只要你有粉丝、有影响力，无论卖什么都有人愿意买单，那只是为了吸引网友眼球而发布的言论。在互联网时代，每个人都有自己的主见，有很多理由可以去消费，比如可以因为自己喜欢的人买了这个产品，或者因为自己喜欢的网红在用这个产品而自己也去买单等。在这个产品"过剩"的时代，产品功能的硬需求在不断被弱化，消费正在随机化。每个人的判断都是片面的，眼见不一定为实，没有经过大量的数据分析和实地调查取证，随便地给某个群体下定义是不明智的。

群体行为非常值得研究。一群人为了某个产品，彻夜排队抢购，若抢不到还愿意花高价购买，我们就需要寻找这样的群体。

情怀不是行业大佬独有的特质，只是他们站在聚光灯下，更容易被大众熟知，也更容易取得用户的信任，这种信任的成本是他们长年累月的付出取得的。锤子手机可以有情怀，小米手机可以有情怀，普通人的产品也可以有情怀。

普通人在小范围内坚定信念，得到100万个人的认同是情怀，得到1000个人的认同也可以是情怀。只学会社交网络的运作技巧，就只能算是入门级别的选手，真正的高手都在玩转情怀，而且都是认真的。

（2）从请教开始

"好为人师"是人的本性，社交网络圈的大多数大咖，都有这个需求，他们懂得在什么时候展示自己的专业性，需要粉丝的传播，并需要与粉丝进行互动，所以"请教"是打通高一层级社交圈的法宝。

那么在请教别人之前应该做什么？关注大咖的账号，先成为其粉丝，每天转发、评论、点赞大咖所发的内容，给其一个初步印象：已成为忠实粉丝。

请教问题的方式有三种：在大咖的帖子下面评论提问、私信提问和面对面提问，前两种方式是我们在线上打通与大咖关系的重要路径。

在请教别人的时候需要注意方式和技巧，要调整好自己的心态，而且要明白，请教这种方式只能解决某个具体问题，而不能让你掌握一门技术，更不能让你发家致富。

在请教问题之前需要掌握这个行业的基础知识，但不要询问一些很基础的问题，因为很多基础问题可以通过网络搜索解决，而且大部分人也不愿意花时间交流这种基础知识。

要询问具体的问题（比如，某个行业的某个具体细节应该怎么操作？对于某件事情这样做对不对？），让别人能够几句话就能解决。大部分做网络社交的人都是使用碎片化时间来做的，所以没有时间针对你的问题做长篇大论，而且大家相互之间也不是很熟悉，别人也没有给你解答问题的义务。

如果你问别人：如何开好一个网店？如何做社交电商？现在做什么事情最赚钱？这种宽泛的问题，可能一两个小时都说不完，那么想交流的第一步就被终止了。

同时要选择好时机，在适当的时候提出相应的问题，比如，对方正好发了一个帖子说某件事、某个技巧，这个时候，你可以针对对方发布的内容来提问、探讨，让提问成为理所当然的事，也让对方看到你的观点。

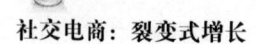

当然，在提问的同时，自己也要不断地学习，只有熟悉了整个行业的基础知识，才更容易进入整个行业的圈子。

（3）线下见面——利用线下的机会来突破

让弱关系变成强关系的最后一步就是线下见面。关于信任——线上聊千次，不如线下见一次。比如，有很多问题在线上争论不休，或者互相之间有合作意向，但都没有信心，如果线下见一面，信任就增加了很多。

线下见面并不是直接通过社交网络约见面，因为这种方式成功率太低。社交网络的隔阂需要在一种特定场景下才能打破，陌生人之间的线下交流也需要这种场景做支撑。最好的方式就是参加行业论坛、培训、读书会等，参加他们组织的线下聚会，都是一个行业的人，在线上聊过，在线下又一起参加活动，很多顾虑就能被消除，初步的信任就有了。

还有另外一种特殊情况就是，很多深度网络社交用户在线上可以高谈阔论、游刃有余，到了线下都默默不语，成了标准的键盘侠，线下交流能力太弱，无法主动开口。

如果不建立与用户之间的强关系，就无法得到用户的信任，合作没有基础，社交裂变也就没有了基础。如果没有一批拥有强关系的粉丝拥护，那么在你推出产品的时候，就没有人会主动帮你传播，也没有裂变的可能性。

社交强关系建立的流程：首先是线上互动，在线上与用户好好交流沟通，为线下活动做好铺垫；其次是选择合适的线下活动，走到线下参加聚会，与大家在公共场合见面；接着是"张开嘴"，主动去交流，有目标地去结识别人，不要贪多，每次深度交流三五个即可，如果有机会，还可以一个大咖为目标，抓住机会去做深度沟通；然后要"混圈子"，一次活动就是一个圈子，一次培训也是一个圈子，在线下见面之后加入这些圈子，再回归线上，在线上保持活跃；最后就是私信交流，但要保持距离，当遇到重要的事情时再去私信，不要过多地打扰别人。逐步建立自己的线上社群，组织线下活动。

一个流程下来，和粉丝的强关系就建立起来了，看起来有点复杂，但你一定要知道，"不怕麻烦"是做社交网络成功的秘诀。

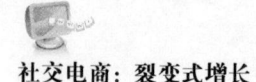

初创企业如何获得第一批用户

创业者是这个社会非常值得尊重的一群人,他们是社会进步的助推器,"创业九死一生"是对创业者最真实的描述。

创业最艰难的时刻是在创业项目启动的时候:没有资金、没有用户、没有订单。而这时的重点是如何获得第一批用户,要先获得并维护好第一批用户,把商业模式验证清楚才能去考虑融资。

2019年,资本市场已经比较"冷静",融资环境不像2015年那么简单了。但这并不是所谓的资本市场的"寒冬",因为资本市场从来不存在"寒冬",投资机构和投资人一直都在寻找未来可以获得盈利的优质项目,只是好项目和资本的对接一直都缺少一个合适的平台。

在社交网络发达的今天,找到资本已经不是一件很难的事情了,但项目想要获得资本的青睐也需要具备很多要素,尤其是要证明项目本身有价值、未来有潜力、能够带来更多盈利。

当有了第一批用户后,其他的一切都可以通过运营解决,获取用户的方式也有了本质变化,如图4所示。

图4 用户来源

用户来源:
- 从品牌到互动的演变
- 从渠道为王到流量为王
- 社交裂变"基石用户"
- 低成本的试验田

01 思维篇：机会总是留给认真做事的人

（1）从渠道为王到流量为王

一个互联网项目是否有前景，不是看它能铺多少渠道，而是看它有没有获取流量的能力，这个标准正在成为行业的共识，也就是从渠道为王向流量为王过渡。

用户已经有了自己的判断，可以通过移动互联网轻松找到任何产品，也可以在社交平台上随时找到这些产品。以往的渠道流量已经被逐步弱化，比如超市、批发市场、连锁加盟店等传统渠道，以及电商渠道的天猫、京东等大平台，要开通这些渠道和平台需要大量的资金支持。

虽然流量很重要，但流量的价格也很贵，一个互联网新项目，获得一个新的成交用户的成本是 300 元左右，所以第一批用户可以在社交平台上获得，因为在社交平台上获得用户的成本较低，也更容易。

（2）低成本的试验田

社交网络是一个"一把手"的工程，需要创始人亲自去玩、亲自体验，除了告诉全世界创始人的情怀外，还要为品牌代言，为产品担保，把自己当作首席体验官，走在最前方，看看用户的真实反应，这对于做产品、定战略都有一定帮助。要不断地建立自己的用户圈子，把社交平台当作一个服务用户的工具，而不要只当作一个简单的社交工具。

可以先低成本、小范围地试错，比如，组建一个 100 人左右的微信群，这 100 人不是随便在朋友圈拉一群亲戚、朋友，而是对你的产品比较感兴趣的人，告诉大家建立这个群的目的，大家进群要做什么事，以及将来可以获得什么利益。把规则说清楚，在适当的时候做一些及时的奖励，比如提出可参考的产品改良建议、发现产品 Bug 等都可以给予奖励。

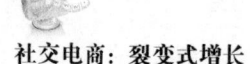

如果做实物产品，也可以建立微信群，在产品的设计和包装上让用户投票，也可以挑选出一部分用户直接体验产品，并写出体验报告。如果一个新的产品不能让身边熟悉的人喜欢，那么这个产品也就不值得推向市场。这不是鼓励大家做熟人的生意，而是说要迅速找到第一批试用产品的用户，让他们帮忙验证产品、验证市场。

（3）从品牌到互动的演变

在创业的初期，资金有限，是先打造品牌还是先挖掘用户一直困扰着每一位创业者，因为如果用有限的资金先去打磨产品，那么当产品打磨出来后，做市场推广、挖掘用户的费用就没有了。对于创业者来说，能够生存下去比什么都重要，而且从移动互联网用户的消费习惯来看，品牌作用的占比正在逐步缩小。

无数的互联网创业者证实，在商业模式没有完全确立、项目没有获得盈利之前，不应该先打造品牌，而应该先与用户进行沟通、互动。比如，先服务好100个用户，不断地与这100个用户进行互动，了解他们真实的需求，了解产品对用户真正的吸引点，让产品先在这100个用户里形成口碑。

对于用户来说，虽然在意周围朋友有没有使用过这些产品，但更在意产品本身的特性。如果产品真的满足了用户的需求，再加上福利刺激，那么用户是很愿意分享传播的。盈利模式是在不断的试验过程中成熟的，如果产品都不能在小范围内传播，那么规模化地获得盈利就更难了。

（4）社交裂变"基石用户"

即使是大型的互联网公司，也一直在维护着自己的"基石用户"，社交裂变的前提是有一定量的"基石用户"，粉丝数量从0到100再到1000，也就是所谓的"千人粉丝理论"。并不是说让这1000个粉丝养活你的项目，而是依靠他们进行"用户裂变"，这1000个粉丝就是"基石用户"，也就是"种子用户"。

当新用户"跳失率"很高，而且沉睡用户越来越多的时候，就可以问一问这些一直被维护的"基石用户"：为什么最近不再关注新产品？为什么对推送的消息没有兴趣了？问一问他们或许就有了答案。

在创业的起步阶段要解决的最核心的问题是，用户有活跃度、有忠诚度，使用大量优惠拉来的用户如果消费一次就走了，或者仅仅是注册为会员用户，并没有后续消费，那么这些都不能成为"基石用户"。

最有效的方式就是把第一批用户聚在一起，组建成用户群，用心与他们交流，给他们实实在在的优惠，但是这种用户必须购买过你的产品。即你给了用户很大优惠，用户也付出了成本，而不能给用户免费提供一些优惠，因为免费聚集起来的人，99%都不是目标用户，且维护起来也非常困难，这一点非常重要。

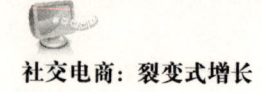

渠道下沉带来的新机会

渠道下沉算是 2018 年互联网行业的一个热词，几乎所有的创业项目都与这个词相关。渠道下沉是指把一个已经验证了的、成熟的商业模式带到下一级市场，产品的使用场景在下沉，用户的消费在升级。

渠道下沉这种趋势也是由国内独特的商业环境导致的，市场上的人才一直都是向一二线城市聚集的，创业、创新项目也几乎都集中在一二线城市。因为这些地方的基础设施建设完善，商业环境好，用户比较集中，人群比较容易接受新事物。这些因素直接导致了好产品、好服务都集中在这些大城市，尤其是那些涉及重资产的商业模式，需要线上与线下相结合运营，比如京东到家、盒马、luckin coffee 等，不是三四线城市没有市场，而是这些商业模式需要逐步推进，而且需要很长的时间。

这就导致一二线城市的各个行业竞争异常激烈，只要是你能想到的产品，都有很多人在做，同质化越来越严重，虽然市场整体上看很大，但做的人多了，将市场平分以后就变得很小。

还有一些商业模式本身并不具备开发下一级市场的能力，需要新的品牌和新的运营方式才能适合市场，这也是渠道下沉的一个重点。

目前，在社交平台上集中了 10 亿多个移动互联网用户，其蕴含着巨大的商业价值，所以渠道下沉的突破口就在社交平台上，如果按照传统商业和传统电商的方法做渠道下沉，那么将没有优势，成本依然很高。

01 思维篇：机会总是留给认真做事的人

如果利用社交电商裂变模式做渠道下沉，效果就完全不一样了。比如，2018 年很流行的知识付费，其中最流行的是读书会模式，仅仅一年多的时间，市场上大大小小的读书会就发展出上千家。

尤其是在一二线城市，只要你关注读书会的信息，几乎每天都有线下活动，每天或者每周都会在线上更新"拆解有声书"。单从模式上看，2019年年初，这种形式的商业用户的增长在一二线城市已经非常缓慢，再组织线下活动也很困难，大家已经对这种形式的活动没了兴趣。但这种纯知识类的论坛、沙龙如果在三四线城市举办就会非常火爆，尤其是有名人背书、有行业大咖直接做的读书会非常受欢迎。

所以我们能够看到，渠道下沉对任何商业模式都很有必要，做好渠道在一定程度上下沉能够扩大用户群体。我们只有弄清楚这种现状的特征，才能抓住机会去做布局，如图 5 所示。

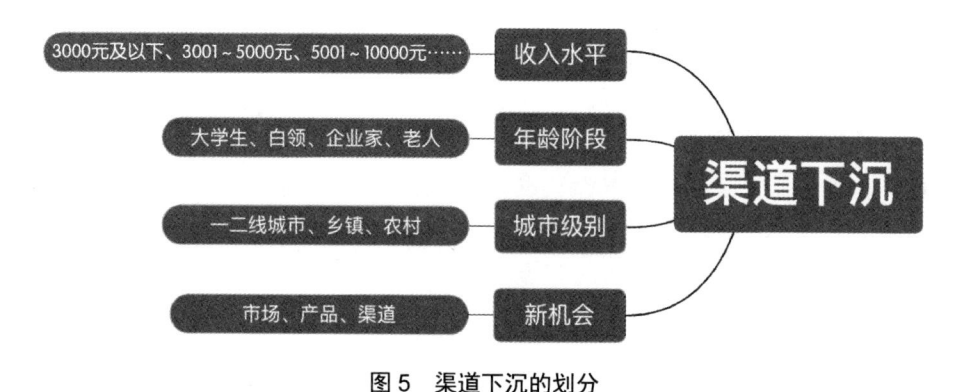

图 5 渠道下沉的划分

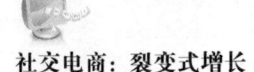

（1）按收入水平划分

按照用户的月收入水平可以将目标消费群体大致划分为以下级别（此处分类仅作为事例，读者可根据实际情况划分）：

- 月平均收入在 3000 元及以下

- 月平均收入在 3001~5000 元

- 月平均收入在 5001~10000 元

- 月平均收入在 10001~20000 元

- 月平均收入在 20001 元及以上

按照以上所划分的消费群体级别，为用户提供相应的产品和服务，这在任何商业模式下都适合。如果已经满足了月平均收入在 10001~20000 元的人群所需要的产品，但又想扩大用户群体，该怎么办呢？

把同样的产品提供给月平均收入在 20001 元及以上的用户显然是不对的，但如果新开发产品，就涉及重新做一个产品和品牌的问题，因为一旦产品或品牌已经被定位为某个级别，再想做成其他级别的产品是很难的。

如果将同样的产品向上运行而行不通，那么可以想如何去做下行。可以用同样的产品、同样的渠道，由同一批人运作，只需要重新做一个品牌即可。利用成熟的技术和成熟的运营方式可以降低运营成本，把产品和服务提供给月平均收入在 5001~10000 元的人。

同样的道理，也可以把月平均收入在 3001~5000 元的用户所消费的产品，销售给月平均收入在 3000 元及以下的人群，针对不同收入的群体做的品牌和产品可以共用一个供应链。

按照这个思路,所有的产品和服务都可以下沉一级来开拓市场,尤其是已经成熟的大品牌,可以衍生出无数的子品牌来扩大自己的市场占有率。

这里要特别说明一下,只按照月平均收入去划分群体的消费能力是不精准的,因为没有将每个人的生活支出考虑在内。比如,一个月平均收入10000元的人,每个月有3000元的房贷、孩子的学费、赡养父母费等支出,那么其对商品的消费能力就很小了。

所以这里用可支配收入来算会比较精准,只是可支配收入的数据很难收集到,所以,以上数据仅作为大家预测真实市场的一个参考。

(2)按年龄阶段划分

按年龄阶段定位目标消费群体,可以将消费人群划分为:大学生消费人群、白领消费人群、中年人消费人群等,这种划分方式很普遍。

但是,现在不管是小学生还是八九十岁的老人,都在使用移动支付,大家的消费习惯都在改变。

按年龄划分,也存在渠道上行的问题,比如中年人消费的服装、食品、保健品等,很多时尚的老人也在享用,因为现在很多老人已趋向年轻化的消费,尤其是在服装和娱乐方面。

(3)按城市级别划分

按照城市级别定位目标消费群体可划分为:一二线城市、三四线城市、乡镇及农村。以往大家总认为一二线城市的用户比三四线城市的用户消费能力高，三四线城市的用户比乡镇及农村的用户消费能力高。但三四线城市在崛起，基础设施已逐步完善，人们的收入水平也提高了，一二线城市所拥有的产品和服务能够迅速复制到这些地方。乡镇及农村也一样在发展，"村村通公路"已经非常完善，农村网线覆盖率越来越高，智能手机基本普及等。无论是三四线城市还是乡镇、农村，与一二线城市一样，都可以享用互联网发展所带来的一切红利。

再加上物流的迅速发展，进一步降低了产品的流通成本，使得大部分产品都不存在地域价格差异。

在未来互联网的世界里，将不会再按照城市级别划分去定位目标消费群体了，因为产品的目标用户范围会被无限放大，没有了地域、技术、消费能力的限制，市场将更为广阔。

（4）新机会

渠道下沉让任何产品和服务都有了更广阔的市场，无论是横向扩张，还是纵向扩张都有很大空间。所以我们不得不重新思考商业模式，无论如何划分，我们都应该看到市场里的新机会，这个机会已经被社交平台连接在一起，所有的用户都在这些社交平台上，等着我们去挖掘。

每个人都能成为"社交自媒体"

"人人都是自媒体"这句话很多人都听说过。让自己成为一个媒体，在传统的商业模式里很难做到，但在如今的互联网时代，任何人都有机会成为"自媒体"。

对传统媒体来说，通过传播范围、触达人群数量和发行数量来考量其大小，对自媒体的优劣也通过传播范围和触达人群数量来考量。

自媒体不是一个空洞的概念，其发布的内容很容易让成千上万的人看到，所以一定要对自媒体做长期的运营和规划。

自媒体的核心是内容，从传统渠道到互联网渠道，内容一直在变迁。

笔者将自媒体内容的变迁分为三个阶段，第一个阶段是文字信息内容，从有互联网开始，就有了文字信息内容，而且到现在为止，文字信息类的内容依然占有很大的比例，只是比例在不断地降低。

第二个阶段是音视频内容，从2012年开始，移动互联网逐渐成为主流，所有的硬件设备、技术、网络都逐渐成熟，从电商到新媒体，我们看到了移动互联网的趋势。短视频也一样，目前无论哪个新媒体平台（今日头条、微博、秒拍等）都有视频频道，而且点击量越来越高。

第三个阶段是直播内容时代，这也是最受欢迎的形式。从2016年年初开始，直播迅猛发展，到2017年年底，用户已经基本接受直播这种形式，

社交电商：裂变式增长

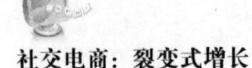

直播平台的格局也基本成型。直播已经从以娱乐游戏为主，逐渐发展到各行各业，也发展成为新媒体平台的必备工具，像语音功能一样。

现在有很多平台可以让我们成为自媒体，比如微博、今日头条、微信公众号、企鹅号、百家号等内容资讯媒体平台，快手、抖音等视频媒体平台，每一个平台都有亿级的用户等着你去链接，链接的方式就是通过内容传播，内容形式有文章、图片、短视频、直播等。

我们暂且把 2019 年之前的自媒体称为"传统自媒体"，把 2019 年之后的自媒体称为"社交自媒体"，即指那些主要活动在社交属性较强平台的自媒体人。

一个人就可以完成传播任务的自媒体有微博、微信、快手、抖音等，社交自媒体和传统自媒体的本质区别是，社交自媒体门槛更低，有特定的传播路径和特定的操作技巧，即使普通人也可以做到。

但社交自媒体不一样，它并不需要每天都写一篇文采斐然的上万字文章，也不需要每天都拍摄十分搞笑的视频，只需要你不断地分享经验、分享生活，哪怕只写几十个字或者上传一张图片、一个短视频，再不断地与粉丝进行互动，坚持下去，就可以成为社交自媒体。

当你在社交平台上有了一定的粉丝，成为一个社交自媒体后，想要扩大信息传播范围，就要有一定专业性。下面给大家列出成为社交自媒体的 5 个必备条件，如图 6 所示。

01 思维篇：机会总是留给认真做事的人

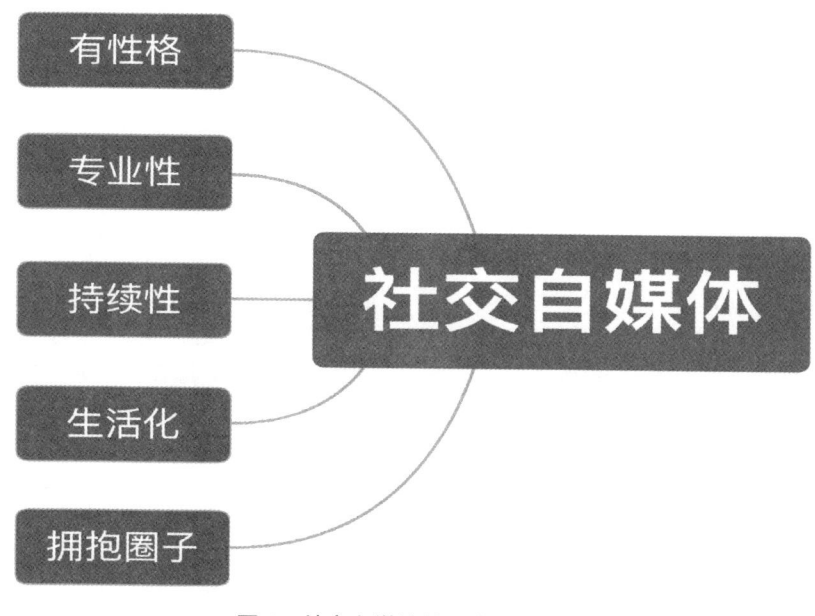

图6 社交自媒体的5个必备条件

（1）有性格

以自己的性格来定位自己的社交自媒体的性格，让社交自媒体也变得"有血、有肉、有原则、有性格"。就像互联网人经常说的，如果你的产品在功能和质量上与竞争对手的产品没有太大的差别，那么就让你的产品具备产品经理人的性格。

对于社交自媒体来说，既要具有社交属性，也要具有性格定位，比如可以定位为好玩的、有趣的、幽默的等。

所以在你做社交自媒体之前，要做好规划：账号名称是用真名还是昵称，头像是用证件照还是用生活照，个性签名是介绍自己还是使用名言等。这些都是基础设置，要在开始做社交自媒体的时候完成，并在各个社交平台都一样，给自己的个人IP做一个明显的定位。

社交电商：裂变式增长

其实社交账号可以直接使用真名，因为个人信息也是广告，无论你发什么内容，也不论传播范围有多广，账号信息都一定会传播出去，这就是社交自媒体自带广告效应的优势。

（2）专业性

在社交账号设定完之后，就要对传播内容进行定位，要让内容达到专业的标准，每天要有90%专业化的内容。不要发太多关于生活琐事的内容，尤其是关于负面情绪的信息。

如果要让传播的内容具备专业性，就发布你所从事的行业内容，如果你从事娱乐行业，就发布娱乐行业的优质内容，尽量让所有内容都能引发用户的兴趣。

在社交平台上发布消息，用200字以内把话说明白即可，每天关注热点，根据自己从事的行业来评论行业热点，同时与其他同行发布的观点做互动，进行点评。

大部分人都会遇到不知道如何去写的问题，其实写内容也需要训练，在刚开始可以先模仿行业内做得比较好的社交自媒体，用自己的语言表达方式把自己的观点写出来。

（3）持续性

内容要具有持续性，即社交自媒体人能够坚持做下去，如果你能坚持，就会发现时间能淘汰一切没有毅力的人。

想做好社交自媒体就要不怕麻烦，每天都花一点时间，利用碎片化的时间分享一些行业"干货"，还可以给自己定一个计划，每天都发布一条优质内容的消息，慢慢地就能积少成多。

（4）生活化

社交自媒体一定要让别人看到这是一个真实的人在运作，而不要每次都是官宣的模样，而且每天发布的内容最好至少有两条是关于生活的，可以是短视频的形式也可以是图片的形式。

人们都喜欢与真人进行讨论，这也是企业账号每天都在发布内容的原因。笔者一直建议无论是创业公司还是传统企业，社交自媒体可以直接用团队核心人员的私人账号来做，官方的微信公众号和微博只是作为发布内容的地方，做用户运营还是要用个人账号。尤其是重要的事件营销、话题营销等内容，都要从私人账号发出，这样才能引发人们的讨论。创始人发出来的内容都很具有代表性，都是先从朋友圈开始传播，然后被各大媒体转发，最后引发传播。

在展现生活时，可以将自己每天的生活路径晒出来，还有个人喜好、朋友聚会、出门旅游等都可以晒出来，这能为社交自媒体增添不少光彩。

个人社交自媒体相当于个人IP（Intellectual Property），虽然品牌可以是IP，图书也可以是IP，这些都是IP的表现形式，但最核心的IP还是"人"。时代不同，造就IP的形式就不同，现在要做的就是使用各种形式去传播自己最擅长的内容，以形成自己的自媒体品牌。

（5）拥抱圈子

拥抱圈子是社交自媒体必须走的一步，每个人都有自己的圈子，在社交平台上也一样。大家都有亲戚、朋友、同事这三个圈子，但想要做好社交自媒体，仅有这三个圈子还不够，需要不断扩展圈子。

扩展圈子的途径有很多，比如，在微信上，可以加入一些高质量的行业群，或者让已有的微信好友邀请自己去加入他们所在的一些群。在选择这些群的时候一定要注意，群的"质量"比"数量"更重要。一般需要付费才能加入的群，比免费就能加入的群质量要好一些，不建议随便入群，否则会浪费时间，还看不到效果。

在微博上也一样，要拥抱圈子，跟随行业大咖，做他们忠实的拥护者，不断地学习他们做社交自媒体的方法，结识圈子里的小伙伴。当自己有了一定的粉丝基础后，就可以组建自己的圈子和社群。

02 技能篇：利用社交平台成为超级个体

每个人都可以成为超级个体，社交平台是成为超级个体最有效的路径，对社交网络研究得越深入，就越能发现各种需求、各种机会，满足这些需求，挖掘更多机会，就有成为超级个体的可能。

社交电商：裂变式增长

场景化社交

在移动互联网时代，互联网连接一切的属性更加明显，物质的极大丰富降低了人们对产品本身的需求。所以，可以围绕产品构建一个场景，当用户走进这个场景的时候，勾起其消费欲望，这就是场景化的开始。

但这还远远不够，固定的场景和实物的表达力有限，消费冲动一定是在某种强烈的情感触动下做出购买决策的。情感需求在移动互联网的作用下得到进一步的放大，基于场景的体验化购物和基于场景化的深度社交正在成为当下的主流。

重新定义场景，场景不再局限于过去的体验逻辑。在场景化思维中融入人格化的特性，把人的性格融入场景中，满足人的情感需求。我们说场景化要有人格化的元素在里面，这里就涉及社交，人是活的，通过一系列的社交动作，可以在社交过程中给他人情感上的触动，包括人们独特的生活态度和情感，这些对于每个人都是"刚需"，从而衍生出"场景化社交"的概念，这种场景比较多，包括线上的朋友圈、微信群、兴趣小组等，还有线下的俱乐部、读书会、训练营等。

在社交平台上的场景重塑，已经不再局限于传统的形式，其可以将人群不断地细分，商业形式在变多，场景也在变多，社交平台有十亿多用户，即使是小众圈子也会有很多用户，通过社交关系可以有更多机会进入其他场景。有人说"解决问题的本质就是解决人的问题"，这句话是有道理的，所有问题的出现都有人为因素，找到了对的人，就能解决问题。

02 技能篇：利用社交平台成为超级个体

场景合适了，就能轻松打通人与人之间的关系，传统的饭局、俱乐部都是社交场景，想要在这些场景里打通关系，必须有一个熟悉的人牵线搭桥，也就是要有人脉，否则很难进入该圈子。了解场景化社交的特征是第一步，如图7所示。

图7 场景社交的特征

（1）基于兴趣找到合适的社交场景

场景化社交的第一步就是找到合适的场景，一切的社交都源自两个需求：兴趣和利益。利益往往是浅层的社交，很难获得用户长久的黏性和认可，只有在特殊的条件下（比如在进行商务合作、买卖交易时）才可能获得。

基于兴趣的场景化社交更为普遍，也是场景化社交的突破口，比如健身圈、电商圈、微商圈、自媒体圈等。

无论哪一种圈子，都聚集着一个场景中的同一类兴趣爱好者，他们在一起总能找到话题，而且愿意为这种兴趣付出大量的时间和金钱，这种圈子的人黏性也比较高，对某个兴趣总能持续很长的时间。

有同一种兴趣的人更容易聚集在一起，营销本身就是在寻找人群聚集的地方，所以在社交平台上，很容易就能找到许多与这个兴趣圈子相关的人。

社交电商：裂变式增长

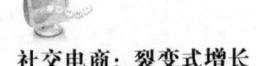

这也是社交裂变的一个必备要素，想要融入某兴趣圈子的前提是必须培养这种兴趣，比如你做的是与足球相关的产业，想要融入足球迷的大圈子，那么就要了解足球和与足球相关的产品知识，还要了解全球的足球俱乐部、各种赛事，以及足球的进攻与防守策略等。只有具备了某个圈子的各种知识，才能进入这个圈子的场景，否则强行进入是一件很尴尬的事，不仅不能和圈子里的人产生连接，还会让大家觉得你不够专业，因为在圈子里大家比的不是财富、地位、金钱，而是基于对足球的兴趣，是否真的热爱足球，而热爱与否的判断标准就是你所具备的关于足球的专业知识。

不管进入哪一个圈子，都是需要下功夫的，比如培养兴趣，并且对兴趣进行深入研究，让别人听到不一样的见解，每个人都喜欢与志同道合的人聊天。

（2）场景化社交构成的要素

"人+场景"构成了场景化社交的基础，人自带性格和情感，兴趣标签是社交最常见的分类方式，因此资讯媒体、电商平台、教育类App等都在按照兴趣进行内容分类。

平台知道了用户的兴趣，就可以给用户推送与兴趣相关的内容，然后统计用户的浏览轨迹，收集并分析各个节点的数据，不断优化产品和服务，从而提高用户黏性和用户重复购买力，这是所有公司都在做的事情。

一个兴趣就是一个大的场景，该场景里的社交关系就是流量，在该场景里谁能成为流量主，取决于对自己人格的塑造，以及所能输出的内容。在场景里所做的每一次贡献，都能够塑造你在圈子里的人格魅力。你所说的每一句话，做的每一件事，都会被其他人打上标签，也就是别人对你的印象。

02 技能篇：利用社交平台成为超级个体

在场景中塑造人格，只需要让大家觉得你是一个靠谱的人即可，而不用非要成为领导者。尽量选择在能让对方感觉舒适的场景中打通关系，尤其是初次见面，要么有双方都熟悉的第三人在场，要么选择公共场合，比如论坛、研讨会等。

（3）如何为社交场景中的人服务

积极主动的人总是幸运的，在社交场景中的人经常遇到的尴尬是，很难让别人记住自己。比如在混沌大学每次所上的线下大课，现场有上千人，上课时间排得很满，大家彼此交流的时间很少，在这种场景里想让别人记住自己是很难的，但可以有针对性地认识一些人，让别人对自己有一个初步印象。

我们想象一下，这种线下大课和大部分论坛一样，也是提供了一种场景，在这个场景里，在相同的时间，大家因为具有相同的兴趣聚集在一起。在场景中大家可以轻松地记住主讲人，认识前后左右的几个人，但很难认识更多的人。一旦脱离了该场景，大家基本就都是陌生人了，想要产生社交关系，就必须迅速建立一个能够持续交流的场景。于是在每次线下大课时，混沌大学各个班级的老师都会提前组建线上社群，提前在群内讨论一些问题，为线下大课暖场。这样，在活动当天大家见面时，可以面对面聊天，进一步促进关系，放大单次活动的社交触达范围。在这个过程中涉及不同场景的表现形式，社交互动是维护用户关系、增加用户黏性的一种有效方式。

在大家基于混沌大学的 App 报名线下大课时，是没有任何场景的，同学之间没有产生任何关系。在大家报名之后，混沌大学各个班级的老师将报名的人统一拉入本班级微信群，这个时候就有了第一个场景，使得大家具有了一层关系——同学，也就有了一层信任背书和一个共同的话题。

线下大课现场为第二个场景，但由于局限于时间、空间的原因，无法与更多的人交流。

但基于第一个场景的微信群和第二个场景的线下大课现场，大家可以面对面建立各种小群，于是基于场景的群裂变就开始了，能够产生无数个第三个场景——面对面建立的小群。

在这个过程中，你能认识多少人，完全取决于你在每个场景中做了什么、说了什么。

场景化的社交是最容易产生情感共鸣的，因为每一个场景都对人群做了层层筛选，用户精准，具备社交互动的各个要素。

玩转互动的 6 个技巧

社交的本质是交流，也就是互动。如何在社交媒体上和他人互动，并取得对方的信任、扩展人脉是有技巧的，尤其是对于我们普通人来说，互动更为重要，因为我们没有太多耀眼的光环，如果再不与大家进行互动，就更谈不上做社交媒体了。

由浅入深的社交，从试探到了解再到深度信任，是一个循序渐进的过程，社交平台提供给我们这样一个沟通工具，也给我们提供了一个打通陌生关系的工具，但如何使用好这个工具，就要靠我们自己了。

一个人每天可以和多少人互动？严格来说，互动并不是每天与好友、粉丝单纯闲聊，而是把好友分类、把粉丝分类，将与粉丝和好友的沟通做一个规划，比如多长时间沟通一次，以及沟通的内容等。

很多朋友因为好久不见，所以关系越来越淡，再见面仿佛已经成为陌生人，只能谈论一些没有见面的这段时间内各自的一些遭遇，然后又是长久的不联系。其实这种问题在社交平台上也存在，因为关系都是越走动越亲近，长久不互动，关系往往就慢慢变淡了。

下面给大家总结了社交互动的 6 个技巧，无论是对老朋友还是新朋友都适用，如图 8 所示。

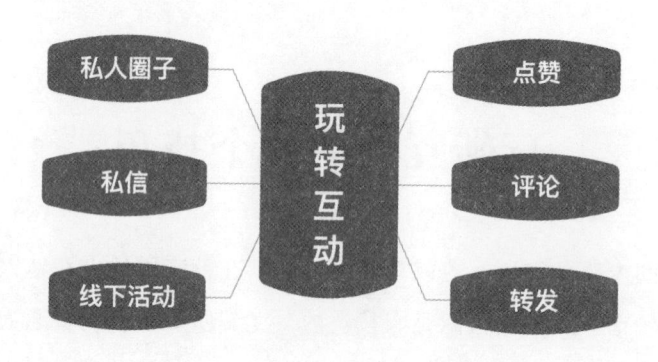

图 8　玩转互动的 6 个技巧

第一步：点赞

在社交平台上最浅层次的互动就是点赞，面对从来没有交流过的人，当你看到他的朋友圈发了一条不错的内容时，应该怎么做呢？点赞是最好的选择，表示赞同对方的观点，同时也是一种鼓励。

点赞能证明自己的存在，告诉对方我们还是朋友，并且在关注对方。如果没有太多时间或者没有太多话题与对方交流，那么点赞可以替代所有动作。

曾有一段时间很多互联网人讨论点赞这个功能是不是多余的，认为点赞容易让人放弃评论和转发。但在移动互联网时代，点赞这个功能相比评论和转发更轻松化，也更容易被人们接受。

点赞对很多人来说是打开与陌生人关系的第一步，有些平台取消了点赞功能，但在取消之后人们不仅没有更深层次的互动，连活跃度也降低了。

当然，点赞的行为也要注意分寸，当别人分享了不好的事情或者负面消息时不要点赞，否则容易给别人留下幸灾乐祸或者不辨是非的印象。当别人给我们的信息点赞时，也一定要有回应。

第二步：评论

当别人对你发的帖子进行评论的时候，说明他对你已经有了一定的印象，或者对你的观点感兴趣，这时你可以与他做进一步交流，回复他的评论。

双方在相互评论与回复过程中不断了解。

你也可以主动评论别人的帖子，大部分人在发布观点后都希望得到别人的认可，或者希望有人可以帮忙补充，如果你对观点进行了评论，那么说明你对该观点有想法，该想法也会得到对方的认可。

在评论中也能看出一个人的品行，很多时候，行为能够无意识地从所发布的内容中呈现，而且对某个观点的评论也能看出一个人的专业水准。

无论是回复还是评论别人的观点，内容都不必太正式，毕竟是在社交平台上，所以可以幽默，也可以调侃。

点评专业性的帖子，需要具备一定的专业知识，在没有了解内容真相的时候，不要轻易下结论，否则会让人怀疑你的专业水平，这时可以直接转发或者点赞支持。

第三步：转发

转发才能引发社交裂变，才有传播效应。每一个微信公众号发布的文章都需要阅读量，希望让更多用户看到。达到这种效果的裂变方式的第一步就是有非常多的人转发了内容。

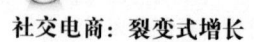

对于帖子也一样，没有转发就没有传播，转发也是做社交电商的重要需求。如果希望自己的需求被满足，那么也要满足别人的需求，让自己先"热"起来，点赞、评论、转发一个都不能少，让别人不断地看到你的价值。当别人发布重大的线上活动、营销事件的时候，可以积极参与、主动转发，帮助别人传播，尤其是一些专业的文章和真实的优惠活动。

第四步：线下活动

我们在前面的章节中讲过，要将弱关系转变成强关系，线下见面起到了决定性的作用。但在参与线下活动的时候，与别人互动也是有技巧的，涉及传统社交场所的沟通技巧。下面给大家分享几个比较实用的技巧。

（1）"和聪明的人交流，和靠谱的人恋爱，和积极的人共事，和幽默的人同行"，这是一种最好的社交状态，也是每个人都在追求的人生境界。

（2）积累专业知识，培养幽默感。与别人交流任何话题都需要具备一些基础的专业知识，也就是谈资，比如你去参加行业讨论会，最起码要知道这个行业最近发生的大事件，以及一些专家、名人对这些大事件的看法。

知识需要平时的积累，多关注几个行业内专业的微信公众号，关注行业专家的微博，多阅读他们所发布的内容，在聚会的时候就能很轻松地融入别人的聊天中。

要培养幽默感，需要有笑话、故事等的积累，可以关注几个搞笑的抖音号、微博号，并记住一些内容，讲给别人听，慢慢培养幽默感，很快就能成为社交达人。

（3）善于"自嘲"。你会发现大部分社交达人都善于"自嘲"，即把自己的缺点主动暴露出来，然后一笑而过，化解一切尴尬，但要记住一定只是暴露自己的缺点，而不涉及人品。

第五步：私信

如果没有在社交平台的公共场合与对方交流过多次，就最好不要与其进行私信，因为这种一对一的聊天其实是很私密的事情，很难把握尺寸，也容易让对方误解你的意图。

在社交平台上的公共场合活动有：对别人的帖子进行评论、转发，探讨问题等，在某个微信群里针对某个话题进行讨论。

在给对方发私信的时候，也要注意私信内容。如果想请教对方，就明确问题，说明你需要帮助。在得到帮助后，一定要给予对方回报，回报可以是不断地帮对方传播其内容，也可以是购买对方的产品。

私信不要越界，不要去探讨对方家庭等私人问题，要针对事情做社交。除非你们认识很多年，合作过很多次，即使没见过面，也能像真正的朋友一样无所不谈。

主动私信给对方，向对方提供帮助也是相当重要的，如果对方有某些需求或者需要对接某些资源，你正好可以帮忙，这时就可以私信对方提供帮助，可以相互私信的行为基本属于深度社交了。

第六步：私人圈子

组建自己的私人圈子，并将其分成三大类：高端人脉圈、行业分享圈、线下聚会合作圈。将自己在社交平台上认识的人按照了解的程度，分别拉

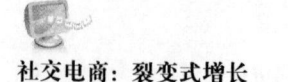

入这些圈子，并且花一些时间来维护这些圈子。

（1）高端人脉圈，即高端人脉微信群，把具有较高级别的人聚在一起，比如企业创始人、投资人等。

（2）行业分享圈，即把一些行业"大V"、自媒体人、企业高管等聚在一起，将圈子定位为"跨界合作+人脉扩展+行业交流"，以行业交流为主，在交流的过程中发现跨界合作的机会。

（3）线下聚会合作圈，建立从线上到线下的强关系，将社交关系进行初次筛选。只有筛选好能够线下聚会合作的人，才有机会组建行业分享圈子，进一步组建高端人脉圈。

激发分享的内容标准

社交裂变的一个重要特征就是分享,用户愿意把信息分享给朋友,分享到朋友圈,每一次分享都是一次传播。社交平台的功能在不断升级,人们的喜好在不断变化,对能够吸引人点击、分享的内容的要求也在不断提高。

对于广告有一个基础逻辑,就是重复告知,在一个 30 秒的广告里,把品牌的名字和广告语重复说三遍以上,用户就能很快记住品牌和广告。

在社交平台上也一样,所有涉及营销的内容都要反复告知用户,而这种告知和传统的广告有本质的不同,在社交平台上的告知只是占用用户的碎片化时间,让用户先注意到自己,再注意到所发布的信息,而不能像传统的广告那样,只是一味地宣传产品。社交电商的核心是人,用优质的内容去做传播,再加上个人自媒体的加持,基本就水到渠成了。

所营销的内容占据用户的时间越长,用户产生购买的可能性就越大,这就涉及优质内容的标准了。能让用户在碎片化时间里多花点时间来阅读的内容才是优质内容,这里涉及一些内容创作技巧,按照一定的标准去审核你的内容,如果达不到标准,无法激发用户分享,那么所发布的内容就没有太大的意义。

内容的形式可以有多种,比如文章、图片、视频等,每一种形式都有可以激发用户转发的"点",我们的目的就是找到这个"点",笔者总结了

5个激发用户分享的内容标准，如图9所示。

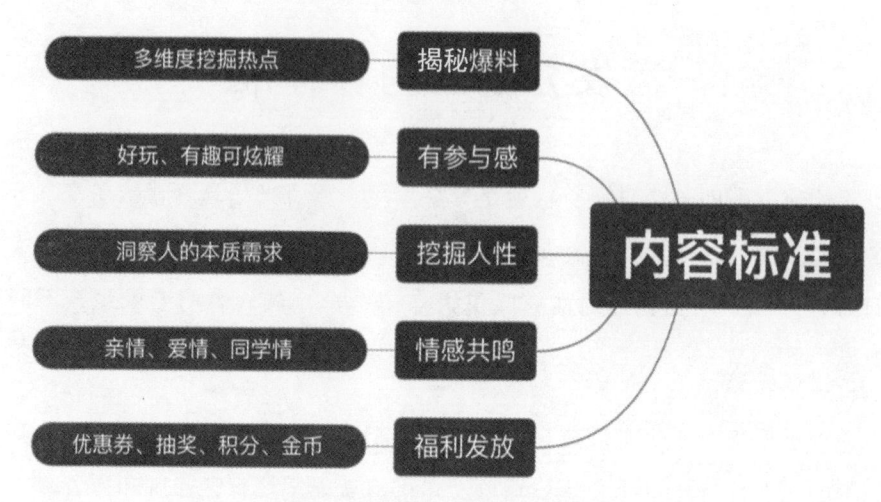

图9　激发用户分享的内容标准

（1）揭秘爆料

揭秘爆料的内容形式一般是文章，也就是营销稿，现在的营销稿大部分为软文，通常以行业知识解读、行业观察、体验报告等为主，在不影响用户阅读体验的情况下，以内容主题为场景，融入产品宣传。

一篇好的营销软文，首先要做到"接地气"，把专业的内容用轻松的方式表达出来，可以使用调侃的语气带入自己的一些观点。内容要写得通俗易懂，不需要读者去做过多的思考。

跟随行业热点事件去深度挖掘所要"揭秘爆料"的内容。比如在淘宝"双11"活动的时候，会出现预测销量、快递实效等热点，每一个点都可以深度挖掘。

02 技能篇：利用社交平台成为超级个体

（2）有参与感

社交平台本身就具有娱乐性，每一个平台都拥有娱乐流量，因为好玩、有趣的内容总能吸引人，如果好玩、有趣的内容与用户相关，那么用户分享的可能性就大很多。

人是有共性的，基于某种兴趣的群体行为是可以被预测到的，比如对弱者的同情，对美好的憧憬等。群体行为是很好的内容素材，涉及和群体行为相关的内容，很容易被群体用户关注到。

比如，在某个电视剧热播的时候，经常在朋友圈会出现一个 H5 小测试的活动，让你测一测自己更像电视剧里的哪个角色。这个活动对于追该剧的人而言，就很有意思了，只需要简单的几步测试，就可以得到结果，然后将结果生成海报，分享到朋友圈。

如果朋友圈的好友看到这个海报，恰巧其也在追这个电视剧，那么很容易也进行扫码测试。

这种小游戏本身是一种预测，也是一种心理测试，探寻用户内心最深处的渴望——你想成为什么样的人。把用户内心深处的这种渴望放大，并在虚拟世界里给予实现，当这种渴望实现的时候，分享就是理所应当的事情了。类似于这种方式的朋友圈营销已经有很多了，这种游戏的结果是什么不重要，好玩就行。

用户在玩游戏的过程中，每一步都是自己选择的结果，就像为自己定制的一样，让用户的参与感非常强，游戏非常受欢迎，用户愿意玩也愿意分享。

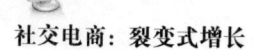

（3）挖掘人性

好的文案可以引发用户模仿，引起用户的共鸣，其传播速度也会快很多。用最简约的文字和有冲击力的图片表达你要传播的亮点，比如在网络上，用户在看到文章正文内容之前，首先看到的是文章标题，标题有没有吸引力，是决定用户是否阅读的前提。所以，好的内容更要有好的标题做匹配，每一篇文章都应该对标题进行多维度加工。图片更有视觉冲击力，比文章的吸引力要大一些，图片中完美的配色，精炼的文字，能瞬间抓住用户的眼球。

挖掘人性的营销方式，即把某一类用户的共性挖掘出来，用一张图片、一篇文章、一个视频等展现出来，比如"北漂"的烦恼、职场的烦恼等，当用户看到的时候仿佛是在说自己。

（4）情感共鸣

2019年1月的某一天，突然"啥是佩奇"的话题火了，还上了各大媒体的头条。一个5分钟的短视频，讲述了在偏远山区的一位留守老人给城里的孙子准备新年礼物，孙子说想要一个"佩奇"，老人多方面打听"啥是佩奇"，最后终于亲手制作出一份特殊的新年礼物。

2019年春节前夕，在外打工的人都盼望回家过年，留守的老人更是期待子女回家团圆，加上是中国传统的"猪"年，时间、噱头都恰到好处，所以这个有温度、有故事的短视频，让用户迅速产生了情感共鸣，这就是短视频广告的威力。

这种短视频类的内容极易引发用户的讨论，也容易引发用户的模仿，该视频对于线下与佩奇相关的电影、产品都是很好的销售促进，也很好地塑造了品牌形象。

（5）福利发放

福利是激发用户分享的最有效的方法，给用户发放福利的方式比较多，比如，发现金、优惠券，增加抽奖机会等。

2018年社交平台比较流行的是发放"金币"（"金币"可以兑换产品，也可以兑换人民币）的福利方式，用户的一切行为都值得奖励，按照用户加入的时间和在平台上的贡献给予一定的奖励。

比如，用户在刚加入平台时就有100个金币的奖励，每消费一次，就能增加500个金币，每评论一次增加50个金币，分享到朋友圈一次增加200个金币等。

现在这种方式已成为日常社交裂变的基本形式，也几乎成为每一个App的标配，但不得不承认，使用这种方式激发用户分享是非常有效的。

玩转圈子营销的 6 个步骤

在社交网络上存在着各种各样的圈子，个人玩转社交电商的另一种方法就是做圈子营销，加入较大的圈子，让圈子里的人成为自己的好友。每一个圈子都有规矩，人群不同，规矩就不同，在圈子中的做法也不同。很多人抱怨社交人脉不够广，认为是自己运气不好，没有遇到"贵人"，但实际上是自己的社交方法不对，没有找到窍门，没有做好圈子营销。如果能做好圈子营销，那么扩展人脉根本就不是问题。下面总结了玩转圈子营销的 6 个步骤，如图 10 所示。

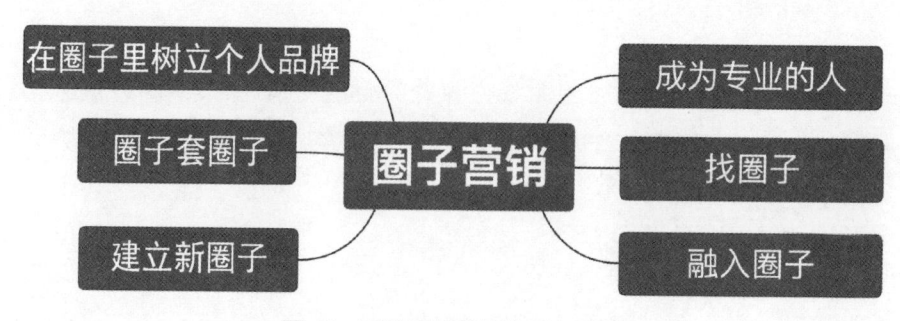

图 10　玩转圈子营销的 6 个步骤

（1）成为专业的人

在前面讲述如何成为社交自媒体的时候，我们讲述过如何让自己被别人信任。一个具备专业素质的人很容易就能获得别人的信任，所以可以在自己的社交账号里经常发布一些与专业相关的内容，比如参加专业论坛的感想，与同行业名人一起用餐的情景，看过的专业图书等，把这些都展示给大家。

现在已经不是"酒香不怕巷子深"的年代了,尤其是在网络社交平台上,必须把自己的才华都展示出来,让大家看到。成为专业的人,就要把自己所知道的知识点发布出去,聚焦在某一项专长上,尤其是自己想要成就的某一项事业的专长,而且要学会刻意学习。

在安德斯·艾利克森博士的《刻意练习:如何从新手到大师》这本书里说:"杰出不是一种天赋,而是一种人人都可以学会的技巧!"在理想的状态下,具备专业素质的人一定有着系统的逻辑,他把每一个知识点都打通了,不管问他任何问题,他都能给出答案。当然,我们所说的"专业"并不一定是这种极致状态,只要能在评论别人的观点或者回复别人的评论时,有自己合理而专业的观点即可。

(2)找圈子

把自己练成一个具备专业素质的人之后,就要去寻找适合自己的圈子,每个圈子也需要具备一定的条件:有一定数量的人,有组织,有规则,有核心的精神领袖,有圈子定位。

进入圈子的第一步是找圈子,最快方式是先找到该圈子的精神领袖,在社交平台上与该精神领袖进行互动,让他对你有一个初步印象,这是进入圈子的最有效方法。当然最好找以个人为中心的圈子,然后根据你的人设和专业,找到相应的圈子。

另外一种找圈子的方式就是寻找那些在社交平台上活跃的用户,这些用户可能不是大咖,但都是自媒体人,他们一般都会加入好几个圈子,找到这些用户,并与其成为好友,也能通过他们融入一些圈子。

（3）融入圈子

在加入一些圈子之后，就要想办法融入，比如在刚加入圈子时就给大家发红包，做一个有意思的个人介绍，让大家印象深刻，更容易被记住，然后每天在圈子里保持活跃。同时，要时刻提醒自己，融入圈子的目的是为了让圈子里的人都变成自己的好朋友。

融入圈子的第一步是了解圈子的规则，在遵守这些规则的前提下保持活跃，和圈子里的人互动，因为不活跃的人不仅很快就会被圈子遗忘，而且很多时候还会被赶出这个圈子。

并不是所有圈子都是免费的，在大多数情况下，付费的圈子更有价值，而且有专业的人维护，能够输出专业的内容，也会组织很多专业的线上、线下沟通会，促进大家相互合作。大部分付费的互联网圈子都值得加入，比免费的圈子质量高很多，付费是互联网圈子筛选人群的最佳方式。

在很多付费的圈子里，圈子里的核心人物会推荐每一个会员给圈内人认识，为每一个会员服务，相当于为会员背书了。普通人创业，缺少的就是流量和资源，多加入几个这样的圈子，就能多一些流量和资源。

（4）在圈子里树立个人品牌

如果想要在某个圈子里树立个人品牌，那么维护这个圈子就是要做的第一件事情。当你维护圈子的时候，责任心就开始展现出来了，这时圈子里核心人物的光芒就会一点点地辐射到你的身上，你的圈子营销也就开始转动了。对于已经加入圈子的人来说，其一定认可了圈子的规则，那么当有人违反规则的时候，一定要出来制止，以更好地维护圈子的秩序。

02 技能篇：利用社交平台成为超级个体

在圈子里树立个人品牌的第二步是建立信任，建立信任最好的方式就是"圈友"之间互助。互助的方式有很多种，比如帮助"圈友"分享或者转发活动，宣传"圈友"的产品等。

（5）圈子套圈子

当你已经融入一个圈子，并在圈子里有很好的口碑和个人品牌时，就要尽快去扩展其他的圈子。每一个圈子都有着看不到的固定边界，这种边界很难定义，可能有圈子发展方向的原因，也有圈子未来规划等原因。

我们要不断地去融入新的圈子，尤其是那些组建时间不长的圈子，在圈子成员的积极性都很高的时候，更容易将圈子成员转化成自己的好友。

用相同的方式去寻找并融入圈子，实现一个圈子套一个圈子，那么你遇到的人就会越来越多，如果融入了跨行业的圈子，各种资源就更容易匹配起来了。

（6）建立新圈子

当你已经融入几个圈子之后，就可以考虑组建自己的圈子了。通过之前积累的好友，打造个人品牌。先组建一些小圈子，并明确圈子的规则、价值、优势等。

同时要明白，即使建立了自己的圈子，之前加入的其他圈子也不能放弃，因为那些圈子都是来之不易的资源，每一个圈子都能带来源源不断的流量。

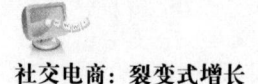

在自己的小圈子里，自己就是精神领袖，慢慢就能变成社交自媒体人。要不断激发圈子的活跃度，聚集有共同兴趣的人，花更多的时间去维护，分享有价值的内容，组织线下活动等。如果组建了圈子而不去维护，那么不仅浪费了大批资源，也透支了自己的信任，让自己的影响力受损。

从一个产品开始

在社交场景中应该卖什么样的产品？我们说微信的流量本质上是娱乐流量，用户在微信场景中的私信聊天、刷朋友圈、群聊、看微信公众号等动作都是在休闲时间的娱乐。

进一步深究，我们在休闲娱乐的时候最容易购买什么产品？当然是在特定的场景里消费特定的产品，比如，在看电影的时候购买爆米花，在KTV唱歌的时候购买啤酒等，一切都是顺其自然的，人们总是乐意在合适的时候为合适的产品买单。

在微信场景中适合消费的产品有很多，不适合消费的产品更多。比如在朋友圈经常可以看到有人销售化妆品，下面我们看一看化妆品有没有社交属性，是否适合利用娱乐流量在微信中消费。

一群美女在一起，经常会讨论化妆品品牌，一起研究化妆技巧，甚至在微信群里也会讨论关于化妆品的一切话题。这样一群人在休闲的时间聚在一起，在本质上就是一种社交行为，如果讨论的产品是化妆品，那么化妆品就具有了社交属性，所以，化妆品非常适合在社交平台销售。

除了化妆品外，服装、3C数码、零食、水果、特色农产品、知识付费等都具有很强的社交属性，在社交平台中做产品，可以先从一个产品开始，对该产品做深度挖掘，把一个产品做好，再做其他产品就简单多了，做产品的步骤如图11所示。

```
         ┌──────────┐
         │  一个产品  │
         └──────────┘
       ┌──────┼──────┐
┌──────────┐┌──────────────┐┌──────────────┐
│产品的社交特色││产品化社交自媒体││多方位、多角度挖掘│
└──────────┘└──────────────┘└──────────────┘
```

图 11　如何从一个产品开始

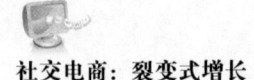

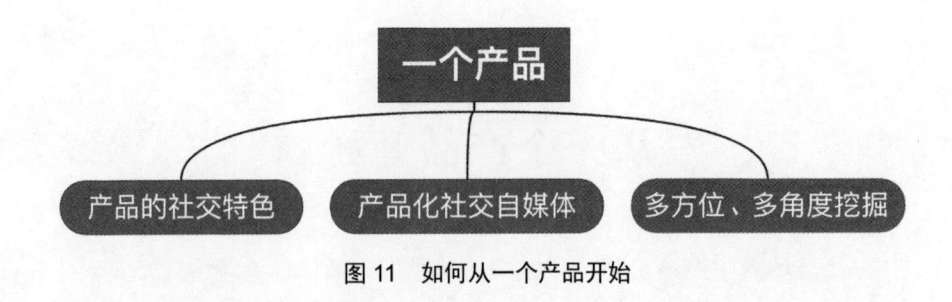

（1）产品的社交特色

挖掘一个产品的社交特色，就是给这个产品注入一个强有力的卖点，无论这个产品有多少功能，都只需要提炼出一个卖点，并不断地强化、宣传这个卖点，那么产品的特色也就能突显了。产品好在哪里？用一句话表达出卖点即可。

如果在你的社交影响力范围内的人，在购买某个产品的时候能够首先想到你，那么你的人设就形成了，这个产品的社交属性也形成了。能让人讨论的产品才是符合社交属性的产品，如果想让大家去讨论这个产品的卖点，就要针对这个卖点不断地制造话题，做内容的输出。把产品做好，从包装、文案、Logo 等细节呈现出来。

比如，"江小白"经常有很多精彩的文案，有些文案暗示了人的某种心理，如"多少来日方长，成了后会无期""怀旧不是过去有多好，而是那时正年轻"等，每一种文案都是一个场景，这种场景几乎在每个人身上都可能发生，当大家看到这些文案的时候，很容易产生共鸣，并参与讨论。

另一种方式，就是将自己的社交账号昵称产品化："真名+产品"或是"产品+真名"，比如某某的茶、某某旗袍定制、卖苹果的某某等这类昵称，即使你不发广告、不做自我介绍，对方也知道你是做什么的。

如果你觉得将社交账号昵称产品化太直接了，那么可以在个人简介、职业信息、认证信息等地方显示产品的特色、放上广告语或者促销信息。

（2）产品化社交自媒体

在任何场合都要带上自己的产品，在不同的场景留下产品照片。作为个人社交自媒体，可以在每天的分享素材里发布与产品相关的内容。

只要在某个场景下用户可能会消费这款产品，那么这个产品就要在这个场景里出现。比如，你是做旗袍定制的，那么参加朋友聚会，参加大型会议或者论坛等，这些场景就是展示旗袍的重点场景。

晒图是非常好的产品展现的方式，短视频更是一种非常有潜力的营销方式，用手机随时随地做好拍摄准备，在拍摄时带上自己的产品，拍成短视频，晒在社交平台上，时刻在社交媒体中展现产品。

（3）多方位、多角度挖掘

虽然一个产品只突出一个卖点，但可以从不同的角度讲很多故事，从产品的灵感来源、原创团队、创始人的情怀等任何一个角度出发，都可以讲一段故事，不断地重复这个卖点，在心理上给用户形成长期的记忆。

如果一款多功能的产品，同时宣传好几个卖点，那么结果可能是用户一个功能也没记住，所以卖点要聚焦，比如"怕上火喝王老吉"，解决问题的重点就是"上火"，在多个场合都聚焦解决上火的问题。

除了强化卖点外，在内容形式上也可以多样化，比如，在海报中、短

社交电商：裂变式增长

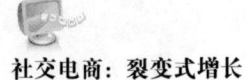

视频中突出卖点，在软文、事件营销中突出卖点。

在社交平台上宣传产品，用户首先看到的是产品还是人？这个问题，很多人都在讨论，在现实的运营过程中，既有用户先看到产品的情况，也有用户先看到人的情况，这两种情况基本上是共存的。如果用户先看到人，那么就先树立个人品牌，打造个人形象，然后再推广产品。如果用户先看到产品，那么就先推广产品，做各个触点，然后再做个人品牌。

这个问题在社交电商的裂变过程中并不矛盾，在起始阶段，在小范围内一定要让用户先看到人再看到产品，因为在初期，产品还没有在社交平台上被验证过，没有品牌影响力，也就没有流量，只能靠个人品牌去带动产品流量。

到了实现真正的社交裂变的时候，就让用户先看到产品，以产品为主，以活动带动传播，比如，可以让用户从好友的朋友圈里看到，或者从好友分享的链接中看到。

差异化的人格表达方式

找到自己的特色,用一种区别于任何人的方式在社交平台中表达出来,并让大家记住,这就是我们经常说的符号,这种符号可以是一张图片、一句口号、一段声音,也可以是一个手势。

在《超级符号就是超级创意:席卷中国市场14年的华与华战略营销创意方法》一书里,作者说到:找到一个符号,能识别我们,浓缩我们的价值信息;还能同时影响消费者的看法——喜欢我们;指挥消费者的行为——购买我们的产品,还推荐给亲友。

在用符号代表产品并进行传播时,这个符号必须是人人都能看懂的,能够指导人的行为,让大家很容易记住。同时,符号也是差异化人格的表达方式,也就是包装,尤其是在目前的社交网络时代,一句话、一首歌甚至一个动作,都可能被定义为某个人的符号。

符号的传播很容易引起大家的模仿,而且容易被大家主动传播。在社交平台上,这些主动传播可以以任何形式出现,如图12所示。

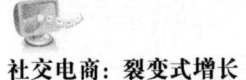

图 12　差异化人格的表现形式

（1）一句话

一句话就是一个超级符号，反复宣传，总能被人们记住，很多企业都梦寐以求用一句话把公司的业务说清楚，用一句话来打动用户。

把业务说清楚和把用户说得心动是两个不同的层次。就像我们平时和朋友聊天，你以为自己已经把事情说清楚了，但对方却觉得你没有说清楚，甚至没明白你要表达的意思，就更谈不上让对方心动了。

让用户听了广告语就能够行动起来进行消费，这是广告语追求的最高境界，比如，"怕上火，喝王老吉"的广告语，既把事情说清楚了，也把王老吉的产品价值说明白了，对产品做了很精准的表达。这句广告语的信息量很大，简单的7个字，把应用场景说了，把品牌名称也说了，"喝"这个动词，还有指导用户行动的意思。

02 技能篇：利用社交平台成为超级个体

类似的一句话广告语成功的还有很多，除了产品的广告语外，还有很多人，因为一句口头禅、一句话，就能给自己树立一个明显的标签、标识，也就成了个人的符号，塑造了自己差异化的人格。

（2）声音风格

2018年比较火的节目《创造101》里的杨超越，她在一首歌中演唱了一句"燃烧我的卡路里"，火遍整个网络，因为这一句唱出了她自己的特色，于是，她的声音就成了她独特的符号，这就是她的风格。

（3）语言风格

在用语言风格塑造自己人格的时候，一定要注意尺度，可以风趣幽默，也可以慷慨激昂。

（4）服装风格

作为社交自媒体人，要想在服装风格上走出差异化，可以在任何场合的穿着上都有自己鲜明的特征。

比如脑白金的创始人史玉柱先生，在任何场合都会穿一件红色的上衣，特别显眼，也给人们留下了深刻的印象。雷军在发布会上总是白衬衣加牛仔裤，这些都是明显的服装差异化。普通人也可以利用这一点，在服装上穿出自己的差异化。

（5）视觉风格

给自己的社交账号定一个主色调，就像装修"QQ空间"一样，所有平台上的账号都要统一"装修"，色彩就是你的风格、你的品位，明显的色

社交电商：裂变式增长

彩视觉冲击能够让人眼前一亮。

比如可口可乐的主色调是红色，luckin coffee 的主色调是蓝色，微信的主色调是绿色，这些都是明显的品牌色调，有很强的视觉冲击力。

用户触点优化技巧

用户在购买产品之前都是通过什么方式接触到产品的？所有用户所能看到产品的地方都是触点，将这些触点进行优化就是营销。尤其是在社交平台上，能够触达用户的营销形式就更多了。

品牌名、海报、文案、H5、产品介绍页、包装、标题、直播、小程序、App 等都是用户触点（如图 13 所示），这些用户触点涵盖了社交电商的各个方面，如果其中一个触点没有优化好，那么销售的目的就很难达到。

优化这些触点，涉及公司各个部门的配合，比如品牌部、设计部、运营部、市场部、新媒体部、技术部、产品部等。

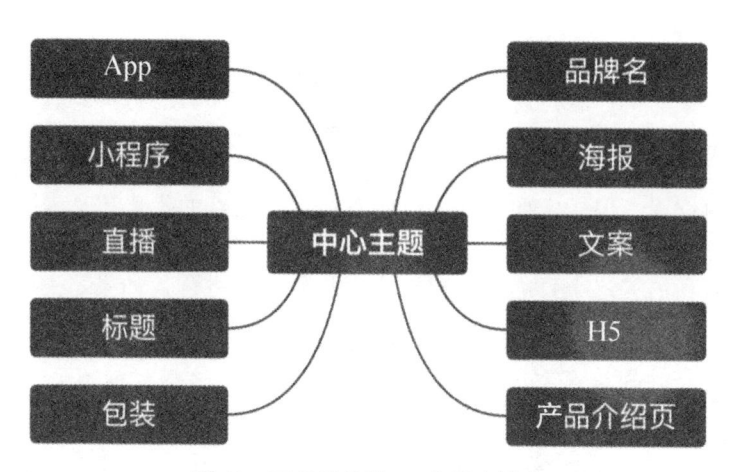

图 13　可以优化的 10 个用户触点

社交电商：裂变式增长

（1）品牌名

对于初创企业来说，若想要品牌名在社交平台上被迅速传播，并让人记住，那么一定得是通俗易懂的语言。比如"江小白"这个新生的互联网白酒品牌，在短短的几年时间内，销量已经赶超很多几十年的传统白酒品牌。原因除了每次触动人心的文案让年轻人非常喜欢外，还得益于它的品牌名"江小白"的朗朗上口。

在很多人的朋友圈都有一个外号是"小白"的朋友，于是这个品牌名就有了社交的属性，这也是"江小白"能够迅速蹿红网络的一个原因，好玩的名字、有趣的文案，与青春的气息正好匹配。

很多品牌的名称算不上"高大上"，但却深入人心，因为它们的名称具备了社交属性，在社交平台传播起来就容易得多。

（2）海报

最频繁的用户触点就是海报，在任何节假日都可以为产品做一张海报，海报的内容要做得有趣、好玩、突出重点，想要宣传什么，就把什么放在最明显的位置，但一定要记住，对所有的用户触点的优化都是为了销售。

要达到销售这个目的，需要一个潜移默化的过程，如果是为了衬托节日氛围的，那么在海报上就没有必要体现产品价格和优惠活动。把想要突出的文案放在最明显的位置，可以占整个版面的三分之二左右。

如果是一张促销海报，那么海报要求则截然不同，关于"价格"的文案一定要放在最明显的位置，可以不告诉用户打了几折，而告诉用户可以节省多少钱，即平时产品的统一价格是多少，在活动期间产品的价格又是多少。

设计也是生产力，将设计风格与文案配合起来一起展现海报，用设计风格来冲击用户的视觉，促进用户买单。

（3）文案

一句广告语能让人津津乐道好几年，而且能引起大家传播的兴趣，互联网文案的大爆发是从"凡客体"开始的。

"爱网络，爱自由，爱晚起，爱夜间大排档，爱赛车，也爱29元的T-Shirt，我不是什么旗手，不是谁的代言，我是韩寒，我只代表我自己。我和你一样，我是凡客"这则文案一出，各大品牌商争相效仿，运用这种文案句式，把自己的个性展现出来，而且这种效仿火爆了很久。

在2018年抖音火爆的时候，另外一种特别风格的文案横空出世——"土味情话"，这种风格可套用到任何网络活动中去，一则好的文案可以带来千万次免费的传播。

"土味情话"的句式之所以盛行，是因为市场接受它，大多数"90后"和"00后"都喜欢这种文案风格。

（4）H5

做活动的目的是销售，每一次线上活动都是这个目的。H5也是触达用户最直接的促销，在微信朋友圈里经常可以看到，活动页的形式有很多种，可以做成玩游戏的页面、测试的页面、商品打折的页面、领券的页面等。

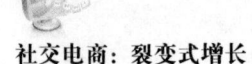

活动页的页面需要好好策划，其中任何一步没有做好都会影响活动效果。比如，做一个小游戏抽奖的页面，在活动期间，确定好每人每天可以固定抽奖几次，将活动分享到朋友圈可以增加几次抽奖机会等。

活动页面上的游戏可以是大转盘，也可以是老虎机，游戏种类的选择要根据所经营的产品来决定，活动的奖品也要和产品相配合，一定要把主营的产品当作奖品，中奖的概率也一定要高。

在活动页面有两个不可缺少的要素，一个是形成海报的按钮，让用户可以很方便地将海报转发到朋友圈，尤其是测试类的活动；另一个是进入产品页面的按钮，因为活动的目的是销售，这是促成转化最重要的一步。

（5）产品介绍页

产品介绍页的优化需要一定的"说服"逻辑在里面，从第一屏开始，每一步内容都是一个递进，要了解用户购买产品决策的习惯。

在网络购物盛行之初，用户热衷于看其他用户的评价再做最后的购买决策，但由于部分商家存在"刷单"行为，所以用户评价的参考价值变得越来越小。由于页面中短视频大多数为商家后期加工，所以对于用户而言本身就没有什么参考价值，那么最后产品详情页的任务落在了直播上，将产品最真实地展现给用户。

所以在产品详情页上最好加上视频，360度地展示产品，同时配上直播，在和用户互动的同时，亲自演示产品。

（6）包装

产品的外包装也是用户触点的一个重点，可以增加产品在用户心里的品质感，提高服务的形象，同时可以产生品牌溢价。第一眼看上去只使用塑料袋装的蔬菜与使用"保鲜盒+纸质包装盒"包装的蔬菜质量是不同的，包装也最容易做出产品差异化，即使是一样的产品，也可以设计出有新意的包装。

大部分的实物产品都可以借助包装来提高产品的溢价，最常见的是礼盒装。在传统的商业模式中，将普通的月饼或者普通的茶叶装进礼盒，那么价格就要提高很多倍。但互联网的商业竞争思路是在优化包装的同时价格不变，使用多种形式包装的目的只是为了适应多个场景下的消费。

（7）标题

用户在点击进入每一篇软文或者每一个 H5 之前，首先被吸引的一定是标题。对标题的拟定有很多种方法，可以在标题中加上数字，或者励志、煽情的故事、热点事件等。

（8）直播

以短视频的形式制作广告的成本还是比较高的，尤其是对优化用户触点而言，但制作具有娱乐属性的短视频成本会低很多。

视频直播几乎已经成为社交电商的标配，已经变得非常重要，不管你的表达能力好不好，只要在直播中把产品最真实的一面展现出来即可。

直播是一种一对多的沟通方式，对于商家而言是与用户最有效的沟通方式。主播的颜值是直播吸引用户眼球的有效利器，但同时要想到，人们在花钱的时候大多都是很理性的，颜值只能吸引用户进入直播间看到产品，最后能让用户买单的还是用户触点，比如文案、产品详情页等。

（9）小程序

做社交电商最好有一个自己独立的落地页，把用户集中在自己的应用里，但对于创业者和小商家来说，自己创作一款 App 显然是不现实的，使用小程序就成了最佳的选择。

小程序的开发、维护成本比制作一款 App 要小很多，而且也比较符合社交电商消费者的习惯，即用即走，不用特意下载 App，也不用像公众号那样必须取得消费者的关注。

但在开发小程序时，在产品设计上一定要按照 App 的开发标准来做，而且越简洁越好，因为在社交平台上的购买行为，大部分都是经过朋友推荐或者背书的，所以不需要复杂的设计。

比如购物车在传统的电商平台是一个必不可少的功能，用户把想买的产品放在购物车里，但在社交平台上完全没必要设计购物车的功能，因为用户是从单品的链接或者某个小程序推荐进入页面的，若看上某个产品就会直接付款，没有其他产品可对比，而且按照用户对小程序的使用习惯来看，把产品放在购物车里下次再购买的概率非常小。

对于小程序这个触点的优化，要充分结合社交平台的属性，所有的功能都要直指付款的环节，能够省掉的流程尽量省掉，便捷是社交电商购物流程的核心。

（10）App

如果产品销量上不了千万级别，用户数量达不到百万级别，就没有必要做一款 App。即使一款最简单的 App，其产品设计、开发、维护和运营的成本也是非常高的，而且技术团队、产品和UI、运营团队一个都不能少。

但App又有着天然的优势，尤其是在维护用户上，将用户拉到自己的平台上，可以轻松地与用户进行互动，与用户产生黏性，让用户持续购买产品。

一般在制作了App后，同时要做一个小程序，两者可以共用一个后台，对后台的用户数据一起维护。小程序是一个"拉新"利器，App是挖掘用户价值的流量池。

对这些用户触点的优化是运营的重点工作，关系到用户的"拉新"、转化和维护，每一个细节都不能忽略。

03 成长篇：社交裂变的营销逻辑

社交裂变是目前最主流的营销主题，也是低成本获客的最好途径。想要完成社交裂变，除了掌握社交平台的基本技巧外，还要熟练应用从社交平台衍生出来的可以迅速裂变的运营方式。

任何形式的营销逻辑都是一套系统的理论，没有哪一种方法是可以一蹴而就的，就像盖房子，需要有人设计图纸、有人打地基、有人搬砖、有人拉水等。

激发粉丝活跃度的 6 种方法

如果你的个人账号拥有了 100 个粉丝，那么就要考虑如何维护好这些粉丝，最重要的一点就是激发粉丝的活跃度。如果粉丝没有活跃度，久而久之大部分粉丝就变成了僵尸粉。

一对一的互动只能解决部分粉丝活跃度的问题，如果你的账号增加到 10000 个粉丝，甚至更多的时候，就需要一些方法让用户主动活跃起来，不断地加深用户对你的印象，让用户隔一段时间就能看到你，这样，用户才能记住你。

能够吸引来用户都很不容易，如果用户没有活跃度，那么前期的工作就白做了。在 2015 年"创业潮"的时候，北京中关村大街上的创业者特别多，有路演的、有谈融资的，还有做地推项目的。尤其是地推的方式很受大家欢迎，为了吸引第一批用户，制作一个易拉宝，买一堆礼品，潜在用户扫码注册后就可以免费领礼品。

于是，中关村创业大街几乎变成了"扫码一条街"，很多创业项目也确实吸引到了第一批用户，但最后很多项目都失败了，原因很简单，项目没有吸引力，没能激活这第一批用户，很多人都是在领完礼品后，只看一眼 App 就将其卸载了。

所以，不能激发用户活跃度的运营都是不合格的，如果项目没有激发用户活跃度的地方，那么也不适合拿出来做推广。下面，我们探讨最有效的激发粉丝活跃度的方法：红包、投票、抽奖、论坛、游戏、短信，如图 14 所示。

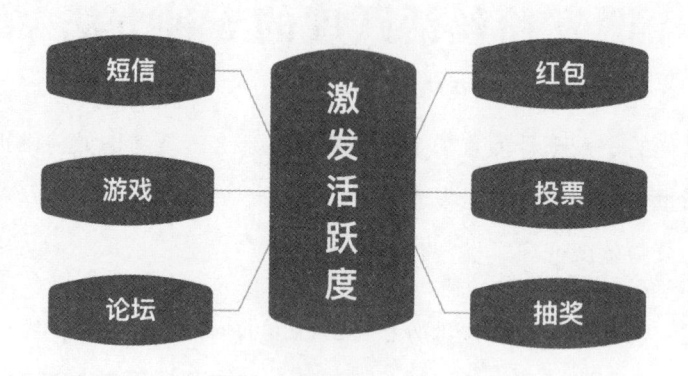

图 14　激发粉丝活跃度的 6 种方法

（1）红包

发红包是提高粉丝活跃度最直接的方法，比如，一个拥有 500 个人的粉丝群，如果不用心运营，那么一年后，无论你在群里说什么都不会有太多人响应，因为群里大部分用户都会关闭该群的提醒功能，你所发的信息，群用户根本看不到，但如果你在群里发一个红包，那么不出一分钟，就会被迅速抢光。

从这里可以看出，发红包不是一件简单的事，红包已经变成打破网络社交尴尬的有效途径，比如，新加入某个群，在介绍完自己后马上发个红包，大家都会跳出来欢迎，但如果你紧接着没有值得探讨的话题，那么大家在抢完红包后，群里就又安静了。

虽然抢到几分钱的红包是常有的事，但几分钱的红包给大家带来的愉悦感比在现实中得到大红包要高得多。

03 成长篇：社交裂变的营销逻辑

因为抢红包具有预期的不确定性，还有自己的点击一下的努力，以及点击后那不到一秒的等待的激动，所以抢到红包后开心是很正常的。

但也不乏有些人，就是喜欢抢红包，不仅在群里要红包，而且向好友私信要红包，这样的人不是我们要维护的粉丝。

发红包需要有一定技巧，这样才能达到提高粉丝活跃度的效果，首先不要发小红包，会显得很小气，也激发不了用户的活跃欲望，还有最好不要发平均等分的红包，钱数有多、有少才有意思。

可以在噱头十足的情况下再去发红包，发红包的目的一定要明确。

比如，在重大节日或者朋友生日时，发送祝福红包；在团队完成一个项目时，发鼓励红包；在重大促销时给老用户、新用户发优惠红包……用大家都比较熟悉的方式来做营销，效果会翻倍。

当然，红包有时候也会带来"伪活跃"，即在发红包的时候大家都出来抢，一说正事却没有几个人回应，这个时候就要考虑该群的用户是不是自己的目标用户。

针对 App 和小程序的运营，红包的作用就更大了，可以设计成用户每天登录时领红包，每天在线时间超过 30 分钟可以领红包，每邀请一个好友可以领红包，在促销活动中可以抽奖抢红包等。

用红包可以进行社交裂变，每发出去一个红包都要实现该红包的价值。很多时候如果仅仅为了活跃老用户而发红包，那么用户是提不起兴趣的，他们会认为你给所有人都发了，而且这种红包不费吹灰之力就可以得到。所以，可以让用户付出一些劳动才能获得红包，比如，需要用

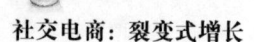

户分享出去才能得到红包。

（2）投票

目前各种投票方式已经越来越简单了，观点类的投票一般只设置两个答案，看你支持哪个观点。排行榜类型的投票有点像拉票，如果想要排名靠前，就得努力去拉票。

观点类的投票，一般是为了引起争议，从而引发传播。排行榜类型的投票方式很普遍，比如单位或者学校的一些互动需要大家投票。

无论是哪一种投票方式，都必须设置奖项，最起码第一、二、三名需要奖励，再好的投票活动，如果没有奖励，效果都不会很好。

（3）抽奖

抽奖的做法相对简单一些，不同的平台有不同的抽奖方式，比如在微博上的抽奖，一般是"转发+关注博主"就能获得抽奖机会，这种方式比较直接。

在微博上的抽奖方式，目前最吸引人的奖品是现金，无论奖励多少现金，只要是以现金为奖品，就会有大量的人参与，第二受欢迎的奖品是iPhone手机。

微博抽奖的好处是能够积累粉丝，所有参与的人都要转发同一条微博信息，并关注该博主，同时，用微博自带的抽奖工具进行抽奖，还可以打消很多人对抽奖公平性的质疑。

（4）论坛

论坛的形式可以多样化，比如，邀请行业内知名人士做线上"群授课"、讲座、知识分享。每一个人对比自己厉害的人都有崇拜心理，利用微信群、直播等方式，邀请知名人士给用户来一场线上论坛，或者做一场用户答疑的活动，是非常有必要的。

同时线下活动也要同步跟上，再知名的品牌也要做线下发布会，举办线下大型论坛，线下的活动有助于塑造品牌，同时能把用户组织起来。

线下论坛是提高粉丝活跃度的有效方法之一，尤其是对于做耐用品的商家来说，做一场线下论坛，相当于组织一场盛大的促销活动。同时，可以把论坛做成一个媒体活动，邀请一部分媒体参与，再邀请一部分资深用户参加，就能够在短时间内引发传播。

（5）游戏

简单的网页游戏在社交平台上很受欢迎，因为大家的心理是：既然是使用碎片化的休闲时间才会去看的平台，何不玩一把游戏轻松一下，说不定还有意外收获。

需要根据社交平台的属性来设置游戏，比如页面上能看到自己游戏的成绩排名、也有好友的成绩排名，还有可以生成海报的功能以便晒到朋友圈。

所有以营销为目的的游戏必须设置丰厚的奖品，游戏的形式也可以多样化，比如，大转盘、老虎机、抽签等各种小游戏。这些小游戏都有现成的模板，按照这些游戏的逻辑做规划，只需加上产品的元素和奖品的元素即可。

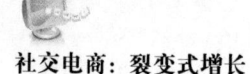

（6）短信

乡镇、农村的用户消费在升级，一二线城市的用户消费也在升级，移动互联网越来越发达，打电话、发信息都可以使用微信、QQ解决。

人们是不是不再使用短信了？事实上，传统的营销方式一直都还有效果，短信的转化率也依然非常高，能轻松核算出投入产出比。

一般，短信内容只有几十个文字和一条链接，书写好的短信内容需要具备一定的文案写作能力，想让用户点开链接是需要很多技巧的。正常书写的短信内容如果只讲述事实，那么将毫无吸引力。因此短信内容最好诙谐幽默，一条合格的营销短信一般包含以下4个元素：

1）对用户的称呼，可以调皮一些，也可以使用最新的网络用语，比如，小姐姐、小主等，以便与用户拉近距离。

2）促销信息要吸引用户的眼球就必须有利益诱惑。

3）有"老用户专属福利"的字样，把对老用户发的内容与对新用户发的内容区别开。

4）有链接。比如，活动链接、单品链接、下载App的链接等，主推哪个活动，就直接给用户哪个活动的链接。

网络社交需要本地化

社交裂变适合面向全国的互联网项目，也适合大部分个体和实体店，比如城市的餐馆、咖啡店、服装店等，这些实体店需要的并不是全网的用户，而是本地用户，当然这些用户也可以通过网上来获取。

那些经营不适合长途运输、不易保鲜的产品的实体店铺，更应该注意对本地粉丝的维护。

但几乎所有的社交平台都是面向全网的，即使微信定义为熟人社交平台，其所面向的用户群也是全国各地的网友。

在社交平台上，在面对全网用户的这个大市场时，需要把精力放在相对精准的目标用户上。在社交平台上做的每一步都要考虑到自己做本地化社交的目的，下面给大家分享社交本地化的6个技巧，如图15所示。

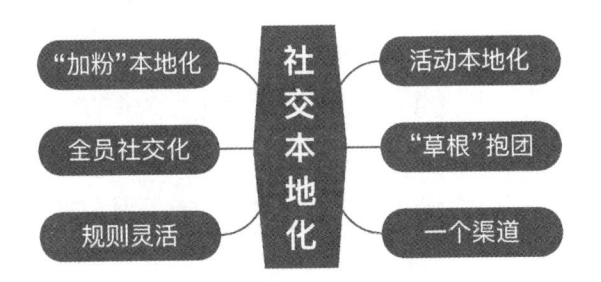

图15 社交本地化的6种技巧

社交电商：裂变式增长

（1）"加粉"本地化

"粉丝不在多而在于精"这句话是有道理的，大部分具有强黏性的粉丝都是在线下见过面的，有了信任的基础才能成为深度合作伙伴，现在的大多数社交平台也都有添加本地粉丝的功能，即使没有，也可以做一些筛选。比如，"附近的人"在微信、微博、陌陌等平台中都有这个功能，目的就是让大家找到本地的朋友。同时可以加一些本地化的群，多和本地的粉丝互动，并将这些粉丝转化为用户。

另外一种方法就是认识本地行业大咖，参与他们组织的活动。认识本地行业大咖的方法有很多种，比如可以在微博上直接搜索某个大咖，并关注他，看其在当地有什么活动，然后报名去参加，同时寻找机会认识。每一场线下论坛都有机会认识很多人，而且这种活动必然会建群，加入这些群，大部分能参加当地活动的人都常年在本地活动。

（2）全员社交化

全员社交化很容易引起大家对员工权利和义务的争执，在2015年，很多人都在宣传全员营销，但这个概念引发了不少的"口水战"。其实这件事情很简单，公司是与志同道合的人共创一份事业的地方，需要大家齐心协力。如果所有人都抓住自己的利益不放，而不愿意多付出，那么公司的前景一定堪忧，在职场上能够步步高升的人，一定是时刻把公司的利益放在第一位的，愿意把自己更多的时间拿出来为公司做点事。

如果你是一个职场人，就会发现，那些从不计较边边角角的人，时时刻刻都在跟随公司的脚步，支持公司的各种活动，不断地分享、传播，所以他们能够不断得到升职、加薪的机会，获得领导认可。整天纠结加不加

03 成长篇：社交裂变的营销逻辑

班的人、有没有加班工资的人、营销不是自己的工作内容便不进行传播的人，看似很精明，实际上很难有机会得到发展。

所以大家不要对全员化社交有所误解，很少有公司给全体员工下达销售指标，而只是希望大家能帮助传播一下公司信息，虽然公司不会对信息传播有硬性规定，但每个人的心里都有一杆秤。尤其是创业公司，一定要在最开始就和大家统一思想，把全员化社交作为员工一个软性考核指标，让低成本营销从公司的每一个个体开始。

（3）规则灵活

在做社交网络的时候，每一个人都有自己的规则，就像在现实生活中的社交活动一样。一旦开始做社交电商，就进入了一种有规则但没有时间概念的生活。我们可以制定一些自己在社交平台上的规则，比如每天都用固定的两个小时去微博、朋友圈发布消息，每周做一次线上活动，每月做一次线下活动，把目标人群定位为本地，只增加本地的粉丝。

维护用户是每天随时都要做的，一看到用户的信息就要处理，用户有问题应及时解决，而不要用自己的影响力和知名度去掩盖产品的瑕疵，虽然与社交平台上的大部分好友都没有见过面，但社交网络上的负面影响要远远大于线下的负面影响。因为我们希望目标用户都是爱分享的人，那么爱分享的人在遇到产品瑕疵时也会将产品瑕疵分享给他人。

如果用户在分享一个产品时说该产品很好，那么很可能被认为是该产品的"托"，或者是在为该产品做广告，但如果用户在分享时说自己购买到的产品品质较差，那么就很容易引起大家共鸣，引来一片围观。

所以在社交平台中制定的规则一定要灵活，要考虑到平台的属性、用

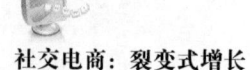

户的属性，一切以能给自己带来正面影响力为基准，哪怕付出一定的代价，这与品牌公关是一个道理。

（4）一个渠道

立足本地化，社交平台有传播渠道、销售渠道的属性，一切的动作都是为了销售。做了社交电商后，你会发现产品的销售模式并不重要，在传统电商里所讲的 B2C 模式、C2C 模式、B2B 模式和 O2O 模式，在社交电商中没有明显的划分，只有渠道和业务线的差异。

产品可以在自己的微信公众号开启 H5 进行售卖，或者组建微信群售卖，入驻天猫、京东等平台售卖，也可以开一个实体店售卖，这些售卖形式之间没有任何冲突，这几年线上与线下不断融合，已经把产品的质量、价格都统一了，对于产品的营销成本来说，线上和线下也基本持平。

在 2018 年之前，很多大品牌商在做电商的时候，都会使用一种策略，就是做线上特供产品，为了电商和传统渠道不冲突、代理商不抵制，在这种差异化策略中，产品的设计和品质都有一定的差异。起初这种策略还算有效，但当网络信息越来越透明，用户越来越方便进行产品对比时，这种策略就慢慢失效了，甚至带来了很多负面的影响。

社交平台的魅力之一就是在社交平台上的每一个人都能够产生影响力，当某个人遇到问题的时候可以利用自己的社交账号进行传播，如果有很多人出现类似问题，那么该问题就会在社交平台上迅速发酵。社交裂变对于负面的传播，往往不需要刻意雕琢，就能产生爆发式的效果。

除了把线上当成一个传播渠道外，还要将其当成销售渠道，以服务好更多用户。

03 成长篇：社交裂变的营销逻辑

（5）"草根"抱团

"在寒冬抱团成长"是互联网行业的定律。其实在任何时候，做社交平台最好都抱团成长、相互支持，要认清自己拥有什么，自己的影响力有多大。如果在朋友圈就只有200多人，在这200多人的朋友圈中发布一款产品，就期待社交裂变，简直就是天方夜谭。

把本地做社交电商的人集合起来，大家一起互助推广是一种非常好的传播方式。这种抱团方式的效果非常好，方法比较简单，就是找到十几个非常活跃的网友，虽然这些网友或许没有太多粉丝，但一定是做电商的，且非常活跃、经常发帖，也乐于转发别人的帖子，愿意与别人互动。找到这些人，并与他们建立群关系，定好群规则，群里的人所发的信息，大家都去转发、评论、点赞，相当于一起进行传播，这样传播的效果比自己一个人传播的效果要好多。

（6）活动本地化

线上、线下活动都针对本地用户，即使是投放广告，也只投放本地区域，现在媒体平台的投放广告都可以做到这一点，让广告投放得更精准，尤其是在做线下活动的时候。

线下活动可以有很多种，每一种都可以做到相对精准。要把本地活动做好，最好的选择就是做免费的分享会、论坛、茶话会、读书会等。

在前面的章节中提到过，做社交电商的前提是自己要成为一个社交自媒体，活动本地化就是在成为社交自媒体后需要做的事情，用自己的影响力去开拓市场。

社交电商：裂变式增长

　　社交电商的前期工作是交朋友的过程，按照寻找朋友的路径去做，把人集合起来。本地化就是要把本地的人聚集起来，做到线上与下线的活动能够同步。

03 成长篇：社交裂变的营销逻辑

信任代理裂变的5种方式

一个人的力量是有限的，社交半径也是有限的。即使产品和服务再好，以一个人的力量去做也很难迅速做大。在互联网信息透明的情况下，用户的选择越来越多。

用户如何选择同等价位的相似产品？其实很简单，用户选择能突破其最后心理防线的产品，这条最后的心理防线就是"安全"。用户可以直接看到产品，直接体验到服务，但是看不到产品的制作过程和制作环境。比如，很多外卖做的盖浇饭，用户最后看到的就是热腾腾的盖浇饭，但制作过程用户根本看不到，媒体时常爆料个别脏乱差的外卖制作环境，让用户对外卖存在各种担心，尤其是对于陌生的外卖商家，无法判断其安全性，也就对其没有信任感。

在社交电商时代，为了降低自己的试错成本，人们总会趋向于相信自己信任的人。如果有人体验过某种产品，并说这种产品好，那么该产品很容易就能被认可。

其实这种意识早在传统电商平台就已经初具模型，用户在天猫、京东购物的时候，往往会看该产品的销量和评论，这就是在寻找体验过该产品的人对产品的评价，并以其作为参考。这也是降低试错成本的一种方式，如果有很多人都购买同一款产品，且对产品的评价都不低，那么该产品的质量就不至于很差，这是大家在购物时普遍的一种心理。可慢慢地大家发现事实并非如此，有些商家存在虚假购买记录和虚假评价的现象，使得商品评论价值降低。

在这种情况出现后，必然会出现一种新的方式来替代原有的陌生人佐证的情况，于是就有了熟人佐证、朋友佐证、自媒体佐证等形式。但并不是每一个人都乐于将自己的购物体验晒出来的，尤其是在产品用着比较好的时候，如果大家晒出来，反而会有为该产品做广告的嫌疑。

解决这个问题的最好的办法就是发展信任代理，信任代理的职责就是替你传播产品，愿意用自己的信誉来为这款产品做担保，当然，在这个过程中，信任代理也要有一定的利益收获。利益收获可以是荣誉感、利润，也可以是影响力。

信任代理裂变有 5 种方式，如图 16 所示。

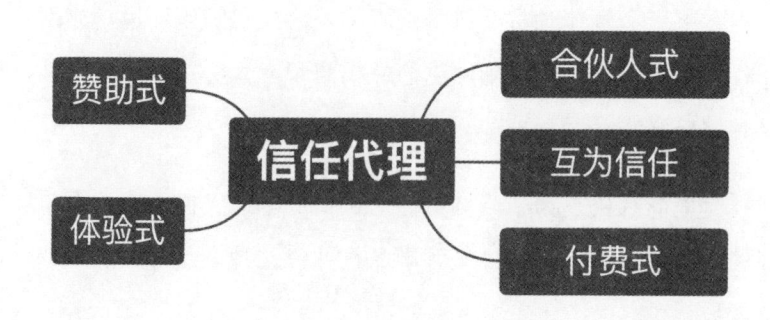

图 16　信任代理裂变的 5 种方式

（1）合伙人式信任代理

谈到合伙人式的社交电商信任代理，很多人第一个想到的就是微商，毕竟社交电商和微商有很多共同点，甚至很多人认为社交电商是微商的新名字。

微商是基于移动互联网的背景，以社交软件为工具，以人为中心，以社交为纽带的新商业，属于个人卖货行为。

当传统电商平台红利还在的时候，个人卖货可以在淘宝上开店，淘宝平台有用户，只要会一些淘宝运营技巧，销售业绩就会很不错。可随着传统电商平台的商家越来越多，获取用户的成本越来越高，个人卖货的行为必须找到新战场，于是就出现了在各个社交平台卖货的微商，还出现了微店等各种为微商服务的平台。

但社交电商并不仅仅局限于微商的个人卖货，其更多的是研究如何利用社交平台进行裂变，低成本获取用户。

发展社交电商的合伙人式信任代理的目的就是找到那些有资源、粉丝量大、会做网络社交的人，大家一起做项目、推广产品。既然是合伙人，就要给对方直接的利益。合伙人模式和传统的代理人模式最大的区别就是有粉丝基础、有影响力。

（2）互为信任代理

互为信任代理的方式比较简单，就是在社交平台上找一些和自己一样做社交电商的人，只要大家不是在同一个行业，产品不冲突，就都可以互相成为信任代理，为对方传播、宣传。

如果一个人在自己的社交账号销售产品的时间在三年以上，那么这个人基本上就是可以信任的，而且其所销售的产品的质量也不会太差，因为在社交平台中做产品能坚持这么久，说明产品的质量是过关的，而且人也是靠谱的。

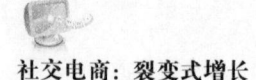

找到这样的人，购买对方的产品进行体验，确认完产品的质量很好以后，就可以征得对方同意，互相成为信任代理。

（3）体验式信任代理

在传统电商时代就已经很流行免费体验的活动了，即把产品免费给潜在用户进行体验，然后请接受体验的用户根据一定的格式写出体验报告。

这种方式，有两个好处，第一个是在体验活动中的传播作用，第二个是体验报告相当于给产品做了背书。

也可以把产品免费邮寄给那些自己认识并乐于分享的自媒体人，他们有一定的粉丝数量，且乐于分享，在拿到你的产品后，很清楚你邮寄产品的目的，只要产品质量好，就会帮忙晒单宣传。

（4）赞助式信任代理

可以给一些自媒体人赞助产品做网络抽奖活动，也可以给线下的交流会或者论坛赞助产品做活动，这是一种非常好的双方都获益的方式，可以在活动中为产品做传播。

要注意，对于线上活动，联系自媒体人赞助产品做抽奖活动时，一定要与自媒体人沟通过多次，双方有一定的信任基础，否则盲目联系别人赞助产品会显得很唐突，而且对于自媒体人来说也存在一定的风险，如果在活动结束后，赞助方不发送产品，或者以各种理由延迟发货，那么自媒体人将会承受损失。

2018年，最出彩的线下活动赞助商就是 luckin coffee 了，在他们整套营销规划中，其中一条营销主线就是赞助线下活动，寻找那些有影响力的行业论坛、峰会，给会场的每一个人都赞助一杯咖啡。那么参加这些论坛的人，只要喝了这杯咖啡，就相当于给 luckin coffee 做了信任代理。

（5）付费式信任代理

付费式信任代理，理解起来比较简单，相当于在社交平台上投放自媒体广告，并明码标价，根据对方的粉丝量和阅读量，确定发布广告和转发广告的价格，这属于专业自媒体人的业务。

这种专业的自媒体人很容易找到，他们每天发布很多条帖子，基本都是针对某个行业的观点探讨，或者自己的生活感悟，偶尔会发布一两条商家的产品帖。

事件营销的裂变技巧

2018 年影响力最大、传播范围最广、触达人群最多的营销案例之一就是"中国锦鲤",在国庆节假期刚开始,支付宝就发布了这条"祝你成为中国锦鲤"的微博,该微博刷新了两项微博营销的新纪录,即不到 6 小时转发突破百万次,周累计转发突破 300 万次。

这次事件营销引起了全网的大探讨,同样引起很多商家效仿,于是所有围绕"锦鲤"的营销一直持续到 2019 年春节,"锦鲤"在中国的传统文化中象征着好运,所以每一个"祝你成为锦鲤"的营销活动,都吸引了大量的眼球。事件营销需要具备一定的条件,否则很难传播,如图 17 所示是事件营销的 4 种技巧。

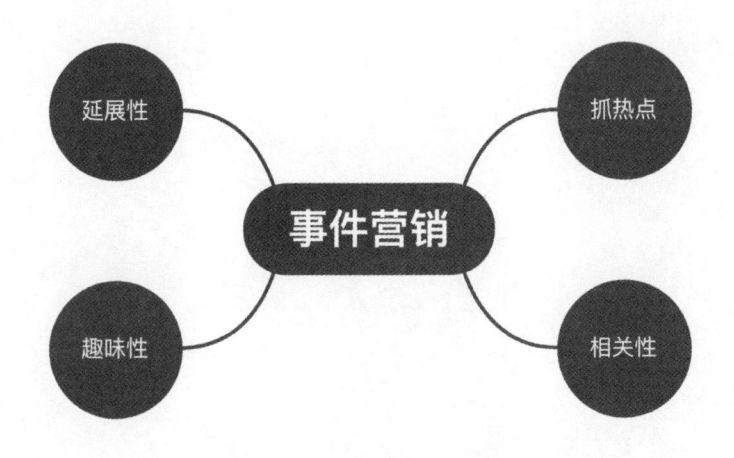

图 17 事件营销的 4 种技巧

03 成长篇：社交裂变的营销逻辑

（1）抓热点

像支付宝那样，自己创造热点，愿意为一次事件营销花费大量资金作为奖品的商家还是比较少的，因为不仅营销成本较高，而且还需要创意和制造热点的能力。

如果自己不能创造热点事件，就要抓住热点事件，借助热点事件去做营销，因为热点是大家都关注的。比如，伊利借助"锦鲤事件"的热点，在2019年元旦期间，推出了"优酸乳锦粒盒"，"锦粒"套用了"锦鲤"的谐音，从产品、包装到营销信息，集中传播"优酸乳锦粒盒=好运"的核心诉求，通过对运营和营销的把控，让产品和"锦鲤"这一热点事件建立连接。

同时，"伊利优酸乳锦粒盒"推出了多款好运心愿包装，对应不同人群的不同心愿，比如"有钱途888""站稳好运年，绝对不动C""逆风翻盘，不再吃土"等。

这种口语化、场景化的心愿款包装，很容易被用户带入各种日常生活当中，对用户产生了心理暗示效应：喝特定心愿包装的优酸乳，可以接近相应的心愿。

再通过品牌代言人在微博发出许愿号召，带网友一起见证好运，同时拍了很多的短视频，用逗趣的风格演绎了在考试、表白等各种场景下，喝"伊利优酸乳锦粒盒"的效果，实现人生逆转的喜剧故事。

这种就比较符合社交电商的概念，通过抓住热点的一系列内容，与用户做互动，让有这方面好运期待的用户看到这些产品而产生联想，引发社

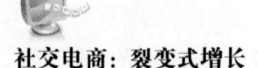

交裂变的传播。

（2）相关性

在 2018 年"双 11"活动前夕，天猫微博账号发布"重金寻猫"的消息，声称"天猫出走"，转发天猫微博账号的这条消息，能获得大礼包的奖品。

因为"猫"是天猫平台的核心元素，且微博消息在"双 11"活动前夕发布，所以用户在看到这则消息的时候，会自动将"天猫出走"与"双 11"活动关联起来。

同时天猫微博还不断地给出"猫"在哪里的小道消息，每天发布明信片引发话题，与一些大品牌做联动，并持续地和用户做互动，让"天猫"的品牌形象在每一次传播中都充满了"萌萌"的感觉。

（3）趣味性

在 2018 年世界杯期间，很多商家都凭借敏锐的眼光，完美地演绎了具有趣味性的事件营销。像世界杯这种级别的赛事，一定会发生很多无法预期的事情，而且会有很多人关注。

这一届世界杯最具影响力的事件就是华帝抽油烟机所做的趣味性营销，当时，华帝与法国队签约，成为法国队的官方合作伙伴，然后在南方都市报发布了一则全版广告，内容是"法国队夺冠，华帝退全款"，且专门推出了一款"夺冠套餐"产品。

这则广告一经推出，就在社交媒体上刷屏了，华帝的搜索指数直线飙升,在世界杯期间,法国队每淘汰掉一支球队,就掀起一次华帝热度。那款"夺冠套餐"产品的销售情况非常好,尤其是在法国队进入比赛前 8 强之后,其销售业绩更是直线上升,用户的参与度证明了这场活动很有意义。

这次活动的趣味性在于有不可确定的预期,但世界杯最后的结果确实是法国队夺冠,这也让参与这场活动的用户惊喜万分。而对于华帝来说,这次营销非常成功。

(4)延展性

延展性主要是针对自媒体而言,自媒体依靠内容做传播,大众关心的内容才是好内容,毕竟你做的是自媒体,而不是某个行业的深度研究,媒体属性强于一切其他属性。

社交电商：裂变式增长

从拉新到裂变的方式

每一个做社交电商的人都要掌握从拉新到社交裂变的过程。在增长黑客的理论中提到 App 的运营增长模型，包含获取用户、提高用户活跃度、提高留存率、收入获得变现、自传播。其实这个模型不仅仅适用于 App，对社交电商也适用，但存在一点差别，社交电商毕竟以社交为核心，先有社交属性，再有电商属性。

社交电商从拉新到社交裂变的方式有：获得粉丝、提高粉丝活跃度、成为用户、忠实用户、自传播，如图 18 所示。

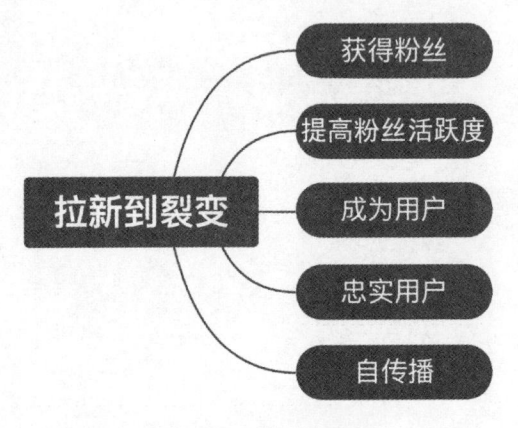

图 18 从拉新到裂变

（1）获得粉丝

获取粉丝是社交电商的第一步，没有一定的粉丝量就谈不上裂变，无论是微博、微信还是抖音等，都需要有粉丝作为基础，前期要做的就是获得第一批粉丝，即使是花钱做广告，也要积累粉丝。

获得粉丝的方式在前面的章节中已经讲过，不同的平台有不同的获取方式，在这里不再赘述。

（2）提高粉丝活跃度

用户关注了你，加你为好友，加入了你的社群，这些动作基本可以认定用户已经变成粉丝，但同时要注意避免"僵尸粉"的情况，不要只记得获取粉丝，而忘了提高粉丝的活跃度。

但成为了粉丝并不意味着已经成为用户，粉丝可以帮忙传播内容，但却不一定买单，也不一定对产品认可。就像微博中很多的上百万粉丝级别的"大V"，所发布的关于产品的信息，虽然传播得很多，但转化率并不高。

这是因为这种"大V"在开始做社交自媒体的时候，把自己定位成了一个中立的自媒体人，只做知识输出，从来不涉及任何产品，只发布对粉丝有价值的知识内容。在做社交电商时要特别注意这一点，要从一开始就在自媒体上体现出自己所做的产品，在分享的内容中体现相关的产品信息，让粉丝习以为常。

还要不断地通过发布的内容和粉丝互动，因为所有的信任都需要一些时间来培养，在粉丝和你不断地互动过程中，就会对你的产品认可，进而有机会转化为用户。

（3）成为用户

社交电商人每天要有一半的时间"刷存在感"，比如晒自己的观点、生活、感想，"刷存在感"这个词在社交电商里是一个褒义词，就是维护与粉丝和用户的关系，用内容与他们沟通，另外一半的时间就是为了成交而努力，把沉淀下来的粉丝变成用户。

有过买单的粉丝才算是真正的用户，没有为你的产品付过费的都不算用户。社交电商初期是社交先行，利用社交关系扩大自己的影响力，培养信任代理的影响力，以带动产品的销售。一旦形成一定的社交规模，就要考虑产品的销售了，用产品去突破更多陌生用户的防线。可以在产品活动页设置一定的福利，让粉丝很方便地成为用户，后期通过不断地维护，让他们成为忠实用户。

（4）忠实用户

把用户变成忠实用户，也就是让用户能够持续购买，产生二次交易甚至多次交易，并且逐渐对品牌有一定的认可。获取一个用户的成本很高，如果用户能产生二次购买甚至多次购买，那么就可以降低获客成本。

刺激用户产生二次购习的方法有很多，比如，在用户第一次购买完成后，给用户赠送优惠券，利用产品多元化的优势，推荐关联产品，在用户进行第二次消费时就可以直接用这些优惠券。

利用一些方法，不断地培养用户持续消费产品的习惯，将用户转变为忠实用户。还可以通过维护与忠实用户的关系，不断地给用户荣誉感，让用户产生持续购买，这种方法的难点在于维护关系的成本较高。

（5）自传播

社交电商没有终点，当用户产生了持续购买时，社交电商的工作就算完成了一半，然后是运营，让用户进行自传播，有了自传播才会有社交裂变。

03 成长篇：社交裂变的营销逻辑

要想让用户进行自传播，就一定要让用户觉得产品很好，将产品传播出去用户有面子，或者用户能够获得一定的好处。比如，微信读书做过一个活动，把微信读书的活动页分享到朋友圈，就可以免费领取一天或者两天的全场畅读会员卡。

社交电商：裂变式增长

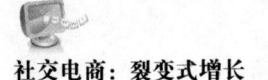

如何讲好一个品牌故事

著名的营销大师菲利普·科特勒曾对故事营销下过定义："故事营销是通过讲述一个与品牌理念相契合的故事来吸引目标消费者。在消费者感受故事情节的过程中，潜移默化地完成品牌信息在消费者心智中的植入。"这个定义很明确地告诉了我们故事营销的本质和目的。

讲故事是一种比较高明的沟通方式，在这种沟通方式中还包含创造力、消费心理学、语言表达能力、营销学等各个领域的知识。一个好的故事可以帮助品牌高效地传递信息，达到说服用户的目的。

消费者对生硬而直白的营销信息越来越反感，甚至会出现负面情绪，比如拉黑在朋友圈中发广告的好友或者远离推销员。

很多企业在做营销的时候，传播的信息经常达不到传播的目的，不仅不能说服用户下单，而且还有可能让用户一步步远离。

在社交平台上，用户每天都在看各种消息、事件等内容，也有大量的文章在分析各品牌故事，但基本停留在列举已经成功的品牌，分析它们的品牌沉淀等，然后总结出一些方法，让大家去借鉴。这些内容对于我们学习故事营销没有太大的意义，因为很难还原当时的市场环境、用户心理、营销渠道信息等情况。

品牌故事的打造，必须建立在当下的场景，根据创始人的状况、企业当下的发展核心点、产品的特征，以及当前用户的消费心理需求等去做演

03 成长篇：社交裂变的营销逻辑

变和包装。

讲品牌故事是一个持续的过程，故事需要有延展性、可塑性，能够随着时间的推移而演变。一个好的品牌故事会赋予品牌精神内涵和灵性，使用户受到感染和冲击，在持续的品牌故事塑造中，能够激发用户的购买意识，并产生持续购买。

好的品牌故事是社交电商裂变的一种有效方式，在社交平台上有一群爱听故事的人，容易受到集体情绪的影响。如果是新的品牌，那么在刚开始创业时，就可以通过一些方式来挖掘品牌故事。也就是说品牌故事是要挖掘的，只要掌握了方法，就可以做到。一个好的品牌故事一般包含 4 个要点，如图 19 所示。

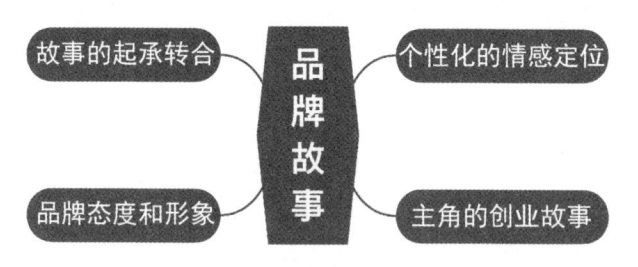

图 19　品牌故事的 4 个要点

（1）个性化的情感定位

品牌故事的重点是和用户进行情感沟通，你的品牌在用户心里传递着什么样的信息，需要在一开始就明确下来，因为每个人每天都在被无数的信息"轰炸"着，所以确立品牌形象非常重要。

像苹果公司那样，每发布一款新品，就有无数媒体主动报道，而且人们彻夜排队购买的罕见案例不会发生在我们普通公司身上，甚至没有多少人愿意花费时间听我们介绍产品。

在一般情况下，用户会在购买产品的前一分钟里想到某个品牌，而这一分钟就是品牌故事需要占领的时间。品牌本身是比较高层次的营销，是无形的、抽象的且真实存在的，其他的一切营销形式都围绕品牌而存在，我们要做的就是讲述吸引人的真实故事。

品牌故事的形式可以有很多种，比如一句话、一篇文章、一个短视频等，都可以塑造品牌故事。

用户所关注和购买的品牌的产品，由这个品牌彰显的个性决定。消费在升级，用户的个性化需求也在逐步被实现，这种个性是精神上的满足感，只有当品牌独特的个性与用户的个性高度匹配时，才能激发用户的某种情感，促成交易。

（2）主角的创业故事

创始人是社交电商裂变中的重要角色，当有营销需求或者新品推出时，其创业故事都可以拿出来讲一讲，因为故事主人公的吸引力比产品的吸引力要大很多，尤其是对于做社交电商的人而言，如果能有机会与一个品牌创始人进行沟通，那么将是一件很值得期待的事。

如果人生经历丰富，那么故事就会多，但对于普通的创业者来说，尤其是年轻的创业者，没有太多的人生经历怎么办呢？这时可以从另外一个角度出发，讲情怀或者讲工匠精神。通过视频、直播等方式把自己每天做的事讲出来，围绕打磨产品来讲述，给大家一个真实、真诚的印象，表现出工匠精神。

同时要在社交平台上不断地和用户沟通，回复用户的留言，让用户觉得你很亲切，并不是高高在上的。

（3）品牌态度和形象

在品牌故事里，既要展现出品牌形象，也要展现出一种品牌态度，即让用户欣赏的态度。比如天猫的品牌形象，给人一种"萌萌"的感觉；京东的品牌形象，给人一种"调皮"的感觉。

（4）故事的起承转合

讲故事的基础逻辑是：起、承、转、合，把握住这四点，故事就能讲圆满。

1）起。起就是故事的开端，如果故事开端没意思，且跟用户没关系，就没有人愿意往下看，后面写得再好也没有用。就像新媒体人写文章一样，用户第一眼看到的是文章标题和简介，那么这篇文章标题和简介就是"起"。再比如电影海报，用户第一眼看到的是海报里的视觉效果，其次是文案的主题，那么这张海报视觉效果就是"起"。

2）承。承就是将品牌引到故事里，把故事内容讲清楚，从各个角度切入，把有趣的、好玩的内容都写进去，尤其是独特的趣闻，用故事来打动用户。

3）转。转就是将故事转化成品牌形象，引出产品特色，这需要很多技巧，否则很容易变成广告，引起用户的厌烦。不要以为把品牌软性植入故事之中就是"转"，这会给用户一种被欺骗的感觉。合理的"转"是让整个故事在品牌的背景下发生，而不是故事的前半部分与品牌无关，当快结束

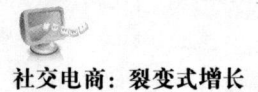

时很突兀地出现品牌形象。

4）合。合就是在故事的最后告诉用户，能为用户提供什么，如何满足用户的期待，以及自己的优势在哪里，让故事有一个完美的结尾，比如在微信公众号里，可以在结尾加上广告；在 H5 活动页面，可以直接告诉用户如何优惠；在海报上可以直接出现价格等。

04 实战篇：社交电商化的裂变式增长

任何商业体都需要商业变现，在社交平台上也一样，微信和 QQ 已经成为移动互联网用户的免费平台，这两大平台本身正在寻求获得盈利的方式，其他社交平台更需要迅速实现商业化。

在 2018 年，市场已经证实社交平台电商化的潜力，每个平台都支持做电商，有的平台提供一些基础工具支持第三方商家来做商业活动，有的平台直接自己做商业活动。掌握社交平台的发展趋势，对于做社交电商来说非常有必要。

社交电商：裂变式增长

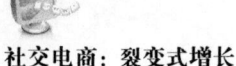

抖音的模仿式裂变

抖音在本质上是一个视频微博，其曾发布过一曲"海草舞"而被全网模仿，这款 App 也因此获得了众多用户。娱乐是生活的调味剂，看娱乐与自己参与娱乐，是两种不同的体验方式。

抖音让参与娱乐成为现实，让大众也能通过模仿创作出优质内容。抖音 App 提供视频拍摄工具和背景音乐，让制作短视频变得非常方便。

从发博客到发 140 字的微博，再到录制一个 15 秒钟的短视频，这是互联网发展的过程。每个人都有表达心声的意愿，把自己的心声写出来、说出来、拍出来。

抖音一次次地把娱乐推向高潮，其总能把人逗得哈哈大笑，然而笑声过后，却很少有人具有笑容背后的思考。

从纸质媒体到网络媒体，用户用来深度阅读的时间在减少，注意力在分散，甚至慢慢忘记了思考，对于互联网中的大量信息也丧失了分辨的能力。

当用户沉浸于一个平台的时候，这个平台一定有让他停留的理由。笔者相信互联网产品能够引导下一个流行趋势。抖音用满屏的阅读模式，让用户把注意力停留在主页上，跳转的按钮不明显，使得用户会忽略跳转，一直停留在主页。其每一个视频只有 15 秒钟（现在已增加了时长），非常

04 实战篇：社交电商化的裂变式增长

适合用户利用碎片化时间消费。所以在抖音平台上让人很容易就没有了时间观念，不知不觉时间就过去了。

抖音是一个很有潜力的社交电商平台，拥有大量用户，我们有必要去了解它的特性。其已经开始将视频和产品相关联，用小弹窗的方式展现，这是一个很明显的社交电商的信号。

运营抖音需要注意3个方面：推荐制算法、可复制的模板、运营策略，每一个方面都涉及很多技巧，如图20所示。

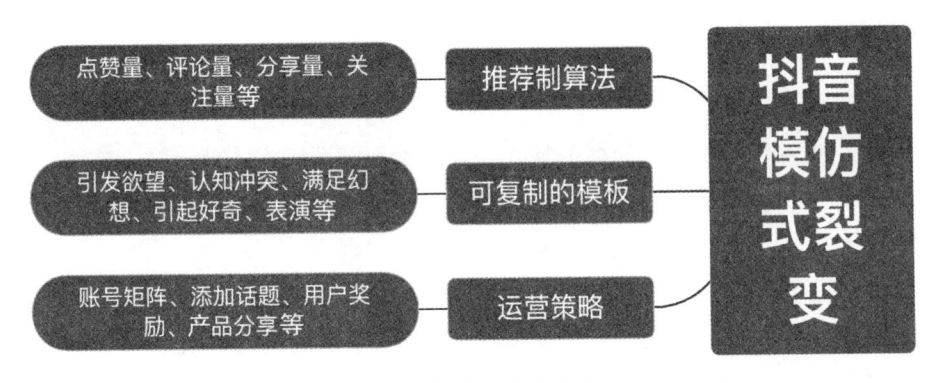

图20 抖音模仿式裂变

（1）推荐制算法

在抖音迅速流行之后，很多人都在推测抖音的算法规则，即如何给用户推荐优质内容。对于一款App，只要清晰了用户人群，了解了用户阅读方式和产品的优势，就可以很容易推测出它的算法。

算法的目的是把好内容推荐给可能感兴趣的用户，达到精准的匹配，根据用户画像，给用户打标签，所以了解某个平台的算法是在该平台上做运营的首要事情。

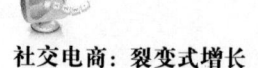

抖音判断短视频是否优质的最基础的指标是：用户停留时长、视频完播率、视频清晰度、前三秒跳转和背景音乐的质量。除了基础条件外，还有运营指标，即用户在看完短视频后的反馈，比如短视频的点赞量、评论量、分享量、关注量等，如果用户反馈的数据不好，就不会产生持续推荐。

一般而言，当发布一个视频后，平台会对该视频进行第一次审核，主要审核视频内容有没有违规，比如有没有出现广告，有没有带水印或者Logo，内容是否合法等。

如果内容合格，那么平台会给该视频做第一次推荐，根据账号的权重，大概会有200~500人次的播放量，如果用户反馈比较好，就会被判定为比较受欢迎的内容，主要考核的用户反馈是看视频的完播率、点赞量、评论等。

如果该视频的第一次推荐反馈较好，则会对其进行第二次推荐。在对视频进行第二次推荐的时候，大概会有1000~5000人次的播放量，仍然要考核用户的反馈，以此类推，基本上在视频发布一小时左右就可以看出其内容质量的好坏了。

另外要注意的是，短视频有一个优势，即会在平台中长久存在。在自媒体平台上，文章的时效性一般只有24小时，超过24小时后基本就没有什么阅读量了。但短视频却不一样，平台会根据你所发布的视频的受欢迎程度，再次推荐你很久之前发布过的短视频，即如果你之前拍的视频受欢迎程度的数据不是很好，但后面拍的一个短视频阅读量很高，那么关注你的用户就会变多，新增的用户甚至会去你的主页查看你之前发布过的短视频，这样你之前发布的视频的浏览量也变高了，平台也就会再次推荐你以前所发布过的短视频。只要弄懂平台的这些推荐规则，坚持创作内容，就会有不错的流量。

（2）可复制的模板

之所以把抖音定义为一个模仿性的娱乐短视频平台，是因为从抖音主流视频的内容可以看出，其大部分内容都是相似的，只是表演的人不同，展现的效果不一样而已。

既然是模仿类的视频平台，那么制作出一个可以被迅速模仿的模板就变得很重要，这是一个创新的过程，在抖音上，有万分之一的人创新就够了，其他人模仿即可。

一个可被模仿的模板一定是简单的、可教学的、有趣的，其内容也有一定的标准，当下流行的有以下几种类型的模板。

① 引发欲望类型，比如，引起人的食欲的美食模板，引起旅行欲望的分享风景的模板。

② 认知冲突类型，比如，分享新发明、新的生活方式，引发人们对陌生事物的探讨。

③ 满足幻想类型，有句话说"得不到的才是最好的"，所以大家总是认为别人家的东西都是美好的，所以可以分享自己可爱的宠物等。

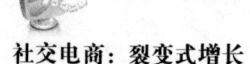

④ 引起好奇类型，比如魔术、跳舞等特殊技能的视频，会引起用户的好奇心。

⑤ 表演类型，比如可以对口型唱歌，尤其是网络流行歌曲，不用拼嗓音，拼的是演技，能对上口型即可。

（3）运营策略

① 账号矩阵，这是所有视频自媒体平台的通用做法，即在平台上运营多个账号，而且这些账号是相关联的行业账号。

② 添加话题，每天都有社会热点，还有一些是官方主推的热点，我们在制作内容时可以和某个热点相关，在发布时带上热点话题，这样，系统在匹配的时候可以更精准。

③ 给予用户奖励，比如，分享作者发的视频可参与抽奖，点赞视频给予奖励等，可以提高用户的活跃度。

④ 除了纯娱乐的模仿外，还可以做一些有价值的内容。比如，将模仿视频和产品知识视频一起运营，在每天发布的所有短视频中有一条是产品内容，用15秒到1分钟的时间讲一个知识点，尤其是一些技能型的知识，用抖音展示也会特别方便。

⑤ 产品分享功能，达到简单的3个指标，就可以拥有这个功能：粉丝量、发布视频数、实名认证。拥有了产品分享功能，就拥有了个人主页产品橱窗，在你发布视频的时候可以添加产品并进行售卖。这也是抖音在做的一个社交电商尝试，对于商家有很强的吸引力，因为可以提供变现工具

和营销推广工具。

像抖音这种量级的短视频平台,将来一定是电商流量的新来源,超多红利在等着我们挖掘。

社交电商：裂变式增长

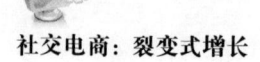

快手网红的"卖货"能力

2018年，快手平台的网红"散打哥"，通过短视频一天"卖货"1.6亿元，这在电商圈引起了不小的轰动，"社交电商到底是不是一个伪概念"的问题又引起了一番讨论，短视频平台的"卖货"能力被重新重视起来。

有一种说法是，江湖中一半的能人都在快手。

比如，某网红通过快手平台销售橙子，年销售额约1.57亿元，其除了销售自己家种的橙子外，还从其他地方收购脐橙来销售，不仅使自己家致富，还带动了当地很多种植户脱贫。

在快手平台上还有一个养狼的姑娘，表演野外驯兽，常年与狼为伍。从狼小时候开始，这位姑娘就对其进行喂养照顾，在狼生病时给它治病，冬天为了让狼喝到新鲜的水，每天去几公里外的水井打水，她把这些过程都拍成视频展示出来。

就是这样的一群人，他们展示着各行各业普通人的生活，有快乐，也有痛苦，有感动，也有失落，并把这些生活不加任何雕琢地展示出来。

在快手诞生的时候，他们发现了一个新生的互联网群体，这个群体就是三四线城市、乡镇及农村用户。于是快手开始洞察这个群体用户的心理需求，以一种最简单的方式，占据了他们的休闲时间。虽然快手从来没有说过想要做农村市场，但确实吸引了大量的农村用户。

04 实战篇：社交电商化的裂变式增长

当大城市以外的群体接触到互联网、智能手机时，会发生什么变化？这是我们需要思考的问题。生活在乡镇、农村的新生人群一般更关注身边的人，即使是看视频，也喜欢看同城市的人拍的视频，因为这样会让他们觉得很亲切。

大城市的高楼大厦、繁华的街区，与乡镇、农村的生活场景不匹配，与在乡镇、农村生活的人很难产生共鸣。

快手网红的电商玩法，如图 21 所示。

图 21　快手网红的电商玩法

（1）有意思的普通人

明星毕竟是少数人，大部分人都是普通人，所以关注普通人的生活就是关注自己，在别人的身上看到自己的影子，这就是普通人的休闲娱乐的需求，做一个快手平台的网红，就要成为有意思的普通人。

让日常的生活变得好玩，让粉丝能够迅速模仿。如果你所关注并崇拜的这个人高高在上，让你看不到、摸不着，每次都要用仰视的眼光来看，那么时间长了，新鲜感没有了，那么你是不是也会对这个人失去兴趣？

社交电商：裂变式增长

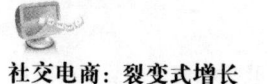

网红所做的就是创造普通人生活的内容，把生活中有意思的事情演绎出来，展示给大家看，所以网红有持续吸引粉丝的能力，再加上社交平台的推荐制规则，网红们想要保持新鲜度相对容易一些。

在快手月活跃用户数达到 1 亿个的时候，有些媒体担心快手会是短暂的存在，因为当时短视频社交电商变现还没有出现大规模的爆发，目标人群的消费潜力也没有显现出来。

但到了 2018 年，三四线城市、乡镇、农村消费群体的电商消费能力迅速崛起，以拼多多为代表的平台，充分证明了这个市场的消费潜力。也让短视频平台看到了这些用户的消费需求，以及短视频平台做电商的潜力。把普通人培养成网红，再去带动普通人消费，这种操作方式就像重新创造了一种商业模式。

快手的"记录世界记录你"这个定位本身就具有社交电商属性，在每个人的生活中都不可缺少三件事：娱乐、消费、存在感。

当平台用户量达到一定基数的时候，是不是就可以变现了？很多创业型的互联网公司都会在这里摔跤，认为自己的平台有用户，就可以变现了，于是添加商业化的元素在里面。

在互联网运营过程中，笔者认为有一个指标能够衡量平台是否到了可变现的时机，就是用户在该平台的日均停留时间。这个指标相当重要，其能够证明你的视频对用户到底有没有黏性，用户会不会因为产品信息等情况很轻易地就离开你。

04 实战篇：社交电商化的裂变式增长

（2）从玩到电商

粉丝的沉淀需要时间，所有粉丝在买单的时候都会变得理性，网红可以因为某一条视频增粉百万个，但若想把这些用户都留下来，则需要一段时间的认真经营，让粉丝能够对网红深度地认可并产生信任，然后再想如何变现。

一个短视频能够让人哈哈大笑，但并不代表用户对拍摄短视频的作者是认可的，或许只是对视频内容认可。让用户看完视频仅仅是开始，想让用户持续关注，就必须持续经营，每天都要有内容产出，且优质内容要占到80%以上。

当用户多次看到你的短视频时，才会有意识地去关注你的账号，短视频社交电商要做的就是先让用户成为你的粉丝，然后通过一系列的内容，让粉丝对你认可。

不仅仅是快手的网红有变现意识，快手平台也在考虑变现模式。数据是商业化最有利的支撑，当快手月活跃用户达到3亿多，老用户的日均停留时间、日活跃度、广告主的投放效果等指标都达标时，就可以去做商业化决策了。

也有很多人在尝试通过快手做农村市场，把农户当成一个个的商业体，把一些特色农产品卖出去。但是要明白，农村不是一个简单的市场，他们也有生意思维，而且这个市场的信任机制还不够完善。

如果自产自销的话，则不用考虑太多。如果想做农产品的定制化团购模式，去当地采购，线上售卖，则要特别注意供应链的问题，如果不能把控货源，就不要轻易做农产品的生意。

（3）视频+直播

在快手上卖货的前提是要开通直播权限，有了直播权限才能在直播间展示产品。在坚持拍同类型视频一段时间后，就可以开通直播权限。但直播间的粉丝大部分都是通过自己发布的短视频所积累的粉丝，有粉丝才有卖货的可能。

无论是大网红还是小网红，把自己真实的生活展示出来，平凡的生活、普通人的故事也可以非常精彩，就像快手的一句广告语"在快手，看见每一种生活"。

（4）电商导购+自营

对于短视频平台而言，商业变现模式从一开始的广告模式、品牌曝光模式，到后来的扶持平台上的网红卖货，这是一个完整的流程。将娱乐和卖货相结合会成为主流。

短视频平台也会从原来的广告模式，也就是电商导购模式，向自营模式转变，毕竟自营才是盈利点。同时，短视频将会变成打造品牌的利器，而网红就是流量主，100个网红相当于"100个流量渠道+100个卖货渠道"。

在这批网红里也会诞生新型的创业者，从娱乐到为他人引流，再到自己创建品牌，利用短视频、直播的方式吸引用户、维护用户，同时在第三方电商平台开旗舰店，做品牌保障，这种模式将会成为创业的一个新契机。

04 实战篇：社交电商化的裂变式增长

创业的环境一直在改变，不管是在传统电商时代做信息不对称的生意、做资源的生意、做价格差的生意，还是在互联网时代做流量红利的生意，前提都是先投入固定成本。但在视频网红时代，创业又有了一个新的路径，而且是大众化的路径，即先打造个人的影响力、积累粉丝，然后再做商业化变现。

社交电商：裂变式增长

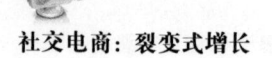

微博"大V"的影响力变现

微博的电商化之路是比较曲折的，从微卖、微博淘宝版、微博达人通、微任务、微博橱窗到微电商达人，每一次都让人充满期待。

微博有着极强的媒体属性，可以说是社交平台中最大的开放性媒体平台，开放性指的是几乎可以在这个平台上找到任何人、任何内容，只要搜索就可以，还可以通过粉丝的分享找到相关的人。

在这样一个平台上，有几亿的用户量级，谁能收获粉丝，谁就有影响力，所发布的微博内容就有人转发。微博上的"大V"也是良莠不齐，"大V"的粉丝数量真真假假，有时拥有百万个粉丝的用户发布一条微博，还没有一个拥有几千个粉丝的用户所发布的微博的转发数和评论数多。

在微博上评判一个博主的影响力，不仅要看其微博账号的粉丝数，还要看其粉丝的活跃度。打开博主的主页就能看到其每天微博的阅读量，这是最能反映一个博主真实情况的数据。

微博的媒体属性比较强，因此可以用做媒体的方法来运营微博。做媒体做的是新闻、是热门事件、是当下发生的大事件。大部分的热点事件都是在微博上发酵的，每一个事件只要有第一批粉丝的转发，就能被迅速传播开，而且微博还有按照热度的排名，更容易让用户看到这些信息。

微博已经变成了专业玩家的战场，粉丝在集中，用户的关注点在集中，行业头部大V也在集中。微博本身是一个快速消耗新闻的地方，需要不断

04 实战篇：社交电商化的裂变式增长

挖掘新的热点信息。

近几年微博的发展越来越好，其有着庞大的固定用户群体，还有媒体、明星等官方号，这些账号在微博所发布的信息比在其他任何渠道发布的信息都准确，如果想要判断一个企业信息的准确性，就去其官方微博账号看一看。这也是微博能够长久不衰的重要原因——有官网的功能。

也就是说微博是目前权威性比较强的平台，这奠定了微博在行业中的地位，对行业"大 V"、明星有着很强的黏性。

跟随微博一起成长起来的微博"大 V"算是第一代的自媒体人，也是第一批新媒体的弄潮儿。但在微博上仅靠写内容变现的博主很少，毕竟不是资讯类媒体平台，深度阅读者比较少。

现在，微博短视频的播放量越来越大，尤其是微博和短视频平台秒拍打通后，秒拍上的短视频可以直接分享到微博，按照用户刷短视频的习惯，会在短视频类目停留较长时间。

笔者也是微博的第一批自媒体人。从 2012 年开始，笔者接触到微博，工作之余会在微博上分享一些电商知识，把淘宝的运营技巧分享出来，将涉及直通车、钻展、淘宝客的内容也都分享出来。同时在微博上与行业大咖互动，转发、评论他们的微博，之后也是因为微博，认识了很多电商行业的大咖，并且和他们一直保持联系。

可以说微博对笔者的影响还是比较大的，笔者认为微博是一个只要你认真就能有收获的平台，而且是一个能够不断扩展人脉的平台。

在微博平台上有很多种玩法，下面给大家介绍主流的四种玩法，如

图 22 所示。

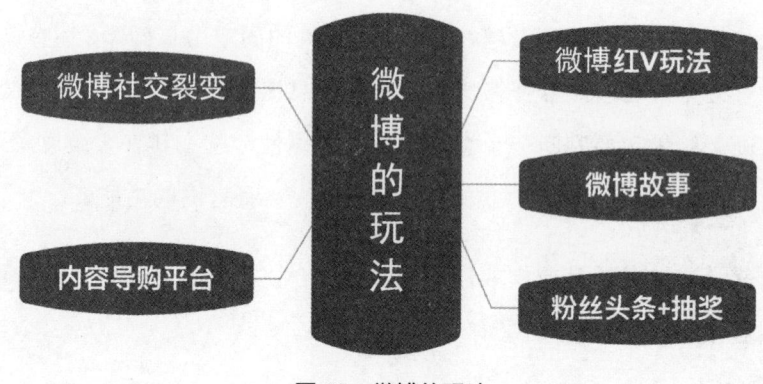

图 22 微博的玩法

（1）微博红 V 玩法

微博有黄 V 认证，就是实名认证，是入门级的标准。黄 V 认证的标志在微博名后面，很明显就能看到微博是否有真实信息做保证。

微博还有红 V 认证，当微博月度阅读量达到 1000 万次后，微博账号就可以升级为红 V。被认证为红 V 后曝光量会迅速增加，粉丝也会迅速增加，还会将其推荐给刚注册微博的新用户，让新用户对其关注。

一个月达到 1000 万次阅读量的标准高不高？其实并不高，这与拥有多少微博粉丝没有太大关系，关键看所发布的内容是不是用户当下最关心的，并不是内容发布得越多越好，而是越符合开放媒体平台的属性，就会获得越多的阅读量。

微博对于红 V 的考核是实时性的，不是通过一次认证，就一直都是红 V，从这一点也可以看出微博的运营规则偏向于实时性。

04 实战篇：社交电商化的裂变式增长

（2）微博故事

微博故事相当于随手拍小视频的功能，视频可能是未来媒体的主战场，也是卖货的一个重要工具。抖音和快手证明了 15 秒以内的短视频的价值，虽然微博做得比较晚，但微博是一个开放媒体平台，只要平台给予一定的流量，微博故事就能迅速成长起来。

微博故事本身就是一个可以展示产品的工具，在微博上可以发布任何不违规的产品，没有太多限制，但要考虑到粉丝的承受能力，不要让粉丝认为是垃圾信息，从而取消对你的关注。

微博故事功能是在 2018 年才推出的，微博平台也给了很大的支持，操作也比较简单，在微博 App 上就可以操作。

虽然微博上的人群和快手、抖音上的人群不同，但都有看视频的需求，只是喜欢的视频内容不一样而已。

（3）粉丝头条+抽奖

粉丝头条可能是微博运营时间比较长的一个工具，是花钱买流量的一种营销方式，如果想让更多用户看到你的微博，则可以使用粉丝头条，从阅读量上来看，使用粉丝头条的效果还是比较明显的。

粉丝头条最大的优势就是，在投放之后的有效期内，粉丝打开微博后看到的第一条信息就是你所发布的，并且在信息标题中有热门的字样，曝光率会大大提高。

如果想在微博中推广一款产品，就可以使用这个功能，可以把控投放的地域、人群画像等，还可以按照人群喜好、收入水平、年龄段等做投放。

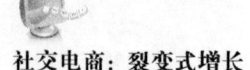

微博另外一个营销利器就是抽奖，比如，发一条微博抽取图书，但由于抽取产品的活动被使用过于频繁，对用户的吸引力已经微乎其微，但抽取现金的方式还是很有效的。抽奖不仅可以增加品牌曝光的机会，还可以吸引粉丝、宣传产品。

（4）内容导购平台

在微博上本来就可以直接宣传产品，比如，发布一些产品的使用体验、使用场景等，但发布这种信息很难获得很高的阅读量，还容易"掉粉"。

微博也开发过微博橱窗这个功能，申请下来微博橱窗的功能之后就可以发布产品，在自己的微博主页就能看到。在这个功能刚发布的时候，在微博平台的主推下，效果还是非常好的，后来热度慢慢降低。

2018年，微博又推出了产品导购平台，在发微博内容的同时可以发布产品，在发布的微博内容下面可以有产品的链接和缩略图展示，支持淘宝、聚美优品和京东的链接。这对在这几个平台上有店铺的商家来说是一个重大的好消息，起码在运营微博的时候，有了一个直接展示产品的机会。

在这里要特别强调的是，当社交平台推出一个电商功能的时候，会有一个红利期，也就是主推阶段，平台会给新的电商功能更多流量支持，所以要抓住机会、抓住这个红利期。

（5）微博社交裂变

运营微博的要义就是保持活跃度，表现在每天发布原创微博的条数，转发、评论、点赞别人微博的次数，而且要坚持不懈地做，扎根于某个行业，每天分享，时间长了就会有收获。

在微博账号粉丝数量没有超过 5000 的时候,不要去宣传与产品相关的事,但可以告诉大家你是做什么的,以分享有价值的知识内容为主,使用图片、视频、文章等方式发布信息。

在做社交裂变的时候,要运用好平台的工具,比如微博抽奖、置顶功能、群发功能等,同时要利用好热门话题,关注与行业相关的话题,去做点评、提高曝光率。

还可以用微博做声量,把与粉丝的关系转化成朋友关系,比如,与粉丝在微博上聊过几次后,就可以私信粉丝,与粉丝进一步成为微信好友,随时随地做交流,建立强关系。

微博"大 V"在粉丝中有一定的权威性,可以与微博"大 V"合作,一起做裂变。

与微博"大 V"的合作方式有很多种,要先了解这些"大 V"的变现方式,如果微博"大 V"以自媒体为主,则平时多转发、评论他的微博,那么相互之间的关系就慢慢建立起来了;如果微博"大 V"以培训、卖产品为主,就去参加他的培训或者买他的产品。

有时候,打通社交关系,是需要花一些时间和金钱的,这也是陌生人之间最容易打破隔阂的一种方式。

社交电商：裂变式增长

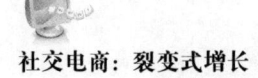

淘宝直播边看边买的逻辑

直播市场发展的速度非常快，从2016年开始，在短短的几个月的时间，就有几百家直播平台诞生，但在2017年，直播平台就被市场淘汰的没剩下几家了。

直播行业最大的问题是成本太高，带宽费用和主播费用居高不下，起初是资本的狂欢，有大量的资本投入这个行业，但后来没有获得盈利的迹象，于是资本的进入渐渐理性起来。

直播平台上的主播的盈利模式主要靠粉丝打赏，表演的形式有唱歌、跳舞、卖萌等，但经过一段时间后，用户对于这种纯娱乐的表演慢慢缺少了新鲜感，已经吸引不了用户了，更别说卖产品了。

用户来直播平台的初衷是娱乐和休闲，平台上的用户之间基本上都是陌生的，缺乏信任，如果直接向用户卖产品，那么用户的接受度会很低，而且直播平台的用户也没形成在直播中购物的习惯。

直播和短视频、语音一样，仅仅是一个工具，但可以和其他平台结合起来，成为其他平台的一个功能。

比如，淘宝本身就是一个电商平台，用户到淘宝的目的很明确，就是购物、挑选适合自己的产品。同时，到淘宝购物的用户有一个特点，就是停留时间越长成交率就越高，而且淘宝本身就是一个天然的卖货场景。

04 实战篇：社交电商化的裂变式增长

如果把直播工具嫁接过来，用直播来展示产品，让用户更直观地看到产品，那么就会给用户一种线下购物的感觉，因为直播中的主播会像朋友一样不断地介绍产品，并回答用户的提问。

这是直播从娱乐到卖货的转变，在淘宝直播里表现得非常出色。淘宝主播和其他平台上的网红不同，淘宝主播更像是柜员，在直播间给用户介绍产品，做各种演示，并亲自体验，回答用户的一些提问，让用户有一个直观的感受。

淘宝主播大部分是一些网店的店主，或者是网店的客服，利用直播这个工具来销售产品，比图片、视频、文字更真实。

淘宝的整个生态系统打通了商业的各个环节，但一直缺少一个维护用户的工具，虽然淘宝有阿里旺旺，但其只是一个客服服务工具，仅仅解决了客服沟通的问题。

商业买卖本来就需要强沟通、强互动，如果用户的问题没有得到及时回复，那么用户肯定就会离开，而且这家淘宝店也会给用户留下不好的印象。

所以淘宝也一直在探索如何维护用户。以往用户的购物习惯只是与客服沟通产品的价格、功能等，而商家的客服也只是以文字和图片的形式回答问题，用户不会和客服聊其他话题，所以即使商家想做二次营销、做老用户维护，也没有有效的工具。

淘宝不是没有社交基因，它也可以占用用户更多的时间，只是内容的展现形式没有匹配起来。从淘宝的内容生态圈来看，有淘宝头条、社区、爱逛街、有好货等专注好产品推荐分享的内容，也与微博、优酷等平台打通，这些都是为了增加用户黏性。当然，以上这些形式的内容在刚推出的时候都有不错的效果，但随着消费市场向视频、直播的转变，淘宝也不得不做视频直播的尝试，很显然，直播的方式是淘宝非常好的选择，因为它可以让商家和用户直接交流。

淘宝直播有其独特的特点，如图23所示。

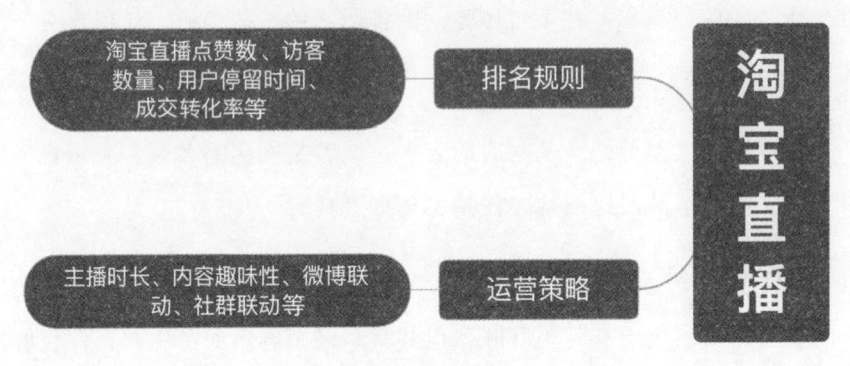

图23 淘宝直播的特点

（1）排名规则

运营淘宝和天猫的人都知道，运营淘宝就是在做指标、做搜索排名，每一个品类都有上万个商家，同一风格的产品也可能有上千款，自己的产品能不能被用户搜索到、排名在网页第一页，关键要看产品的指标做得如何。

这些指标包括产品的销量、好评率、关键词优化、用户跳转率、用户停留时间等，将每一个指标都做优化，才有可能排名靠前。而淘宝直播运营的不再只是某个产品，还包括主播这个人，如何运营好主播成了淘宝店主必备的技能。

04 实战篇：社交电商化的裂变式增长

在 2018 年"双 11"的时候，淘宝主播的销售产品的能力逐渐显现出来，排名前 10 的主播的销售业绩都在千万元以上。在 2018 年"双 11"当天，用户通过看淘宝直播的成交率比看产品详情页的成交率高很多。

淘宝直播的排名规则是根据淘宝直播间的内容质量分来评定的，有一系列的指标需要我们去做优化，比如，淘宝直播点赞数、访客数量、用户停留时间、成交转化率等。

直播点赞数对直播排名很重要，主播和卖家可以在直播期间引导用户点赞，为了鼓励用户点赞，需要制定一个完善的计划去发红包、发优惠券，也就是要设定福利环节。

淘宝直播的观看人数也会影响排名，所以主播和卖家要学会"吸粉"，学会在直播前宣传造势，同时在店铺和新媒体上去做用户运营。比较常规的方式是做一个老用户的社群，在每次直播前，给老用户一些尊享的福利，让他们在直播期间，一直保持在线。因为，一直在线的用户比那些看一眼就走的用户价值高很多，对排名来说也是重要影响因素。

同时要引导用户去店铺收藏产品、购买产品，淘宝直播不同于其他直播，淘宝直播最主要的目的是卖货，所以要把产品的优点真真实实地展示给用户，用户需要知道产品的好坏才可能购买。

（2）运营策略

淘宝直播有淘宝强大的流量做基础，又有精准的购物群体，缺的仅仅是一个噱头，即让用户购买的理由。

淘宝直播平台对于个人如何成为主播、商家如何成为主播，都有明确

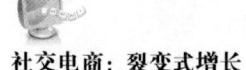

的规定，达到要求就可以成为主播。比如个人成为主播的要求是，某平台粉丝数达到5万人以上，最近7天至少有一条微博的评论和点赞数超过100人次，同时需要上传一个展现自己的视频，然后由平台进行审核。

淘宝直播的趋势并不是发展个人主播，而是发展商家直播，因为商家有店铺、有用户、有运营能力，有了这些，直播的综合指标也就有了一定的基础。

在传统的电商平台中陪伴用户的是客服，用文字和图片的形式解答用户的问题。淘宝直播对客服的要求，就是把他们变成一个个主播，用直播的方式来解决用户的问题。传统电商客服这个岗位也需要升级、学习，掌握直播的技巧。选择主播尽量选择口才比较好的人，最好是爱说、爱笑、爱开玩笑的人，而不是只会催用户下单的人。

在直播的过程中还要注意控场，要明白用户是不同的，有的用户只是来看看，有的用户是来发泄怒气的，还有些用户是真的来买产品的。主播要有好的心理素质，对于一些刁难的问题，可以用一些幽默的话，或者小故事去回应。

主播每天要保持精力充沛直播四五个小时，要对大部分粉丝的提问给予反馈，在没有必要展示产品的时候不能冷场，要和用户聊天，尽量把粉丝留在直播间，因为这样才有成交的机会。

同时要把主播的个性展现出来，有独特个性的主播会增加用户的信任感和好感度，所以要做一个"有温度"的主播，还可以模仿同行业的大主播，看看他们是怎么控场的，以及学习他们在没有人提问的时候都在做哪些有趣的事。

04 实战篇：社交电商化的裂变式增长

想做好淘宝直播，要先做好微博，因为在发起淘宝直播的时候，会自动同步到微博，如果在微博有一定的粉丝数量，而且每次直播都能让粉丝看到，那么这将会给直播间带来一些用户。在目前的社交平台中，微博和淘宝的衔接是最好的，毕竟在一个生态圈，网页的相互跳转没有问题。

05 重塑篇：电商社交化重塑整个行业

流量红利永远都在，每一个时代都有自己的流量池，没有固定的格局，尤其是在电商领域，每一年都会有新的巨头出现。新生的项目，用社交电商模式运营，利用社交裂变引流，规模能迅速起来，互联网更新的周期也正在逐渐缩短。

luckin coffee 的社交裂变法则

咖啡是世界三大饮料之一，全球有 12 万亿元以上的市场规模，中国占据了世界五分之一的人口，但咖啡的市场规模只有 700 亿元，而且中国咖啡市场消费的年增长率远远高于全球市场的平均年增长率，中国人的消费习惯正在与世界接轨，咖啡市场潜力巨大。

当然，这里还要区分一下现磨咖啡市场和速溶咖啡市场，两者在全球的占比大约是 8∶2，但在中国的占比恰恰相反，大约是 2∶8，而且在现磨咖啡市场基本是星巴克一家独大。

2018 年 7 月 11 日，瑞幸咖啡（luckin coffee）宣布完成 2 亿美元 A 轮融资，投后估值 10 亿美元；5 个月后，瑞幸咖啡宣布完成 2 亿美元 B 轮融资，投后估值 22 亿美元，愉悦资本、大钲资本、中金公司、新加坡政府投资公司（GIC）等参与了本次融资。

瑞幸咖啡在不到一年的时间里，在全国已经开了 1700 家门店，这种速度是传统的实体店无法比拟的。如果是传统的实体店连锁模式，将需要很长时间才能达到这个规模。

瑞幸咖啡是标准的新零售模式，同时包含了社交电商的裂变模式，笔者总结了一个新零售的公式：新零售增长=渠道下沉+线上流量入口+新品牌实体店（非必需）。

下面看一下整个咖啡市场的现状，在国内一、二、三线城市主流的咖啡店有星巴克、漫咖啡、COSTA 等，这些都是大型连锁咖啡店，但没

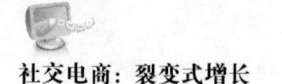

有一家是中国品牌。在四五线城市和乡镇目前基本处于个人咖啡厅的时代。

其实很多人都有开一家咖啡店的愿望，烹调一杯美味的咖啡，享受午后的休闲时光。但现实是，如果你真的开了一家咖啡店，就会发现很难获得盈利，即使饮品有很高的利润，目标市场也很大，但大家对新品牌的认可度非常低，不愿意尝试。

以前咖啡市场的目标群体是高消费人群、有"小资情调"的生活人群，现在逐步向商务人群转变。在过去，对于大众而言，喝一杯咖啡还是比较奢侈的，因为咖啡店包含服务性的附加收费。

咖啡店营销的形式很传统，经营模式为以传统实体店覆盖商圈，店面基本开在繁华的街道或者人流量大的商务区。但在最近几年，中国人的消费水平不断提高，喝咖啡的习惯也逐渐养成，而且年轻人也喜欢在这些地方聚会休闲，这个市场已经不再小众。

新生的用户群体已经形成，但目前咖啡市场的发展远远没有满足大家的需求，因为用户不是喝不起咖啡，更不是不喜欢喝，而是喝一杯咖啡的"成本"太高，"成本"包含金钱成本、时间成本和物流成本。

图 24 所示是国外一所投资银行对星巴克一杯咖啡的成本分析，最大的是运营成本，这基本可以代表整个咖啡市场的现状。

05 重塑篇：电商社交化重塑整个行业

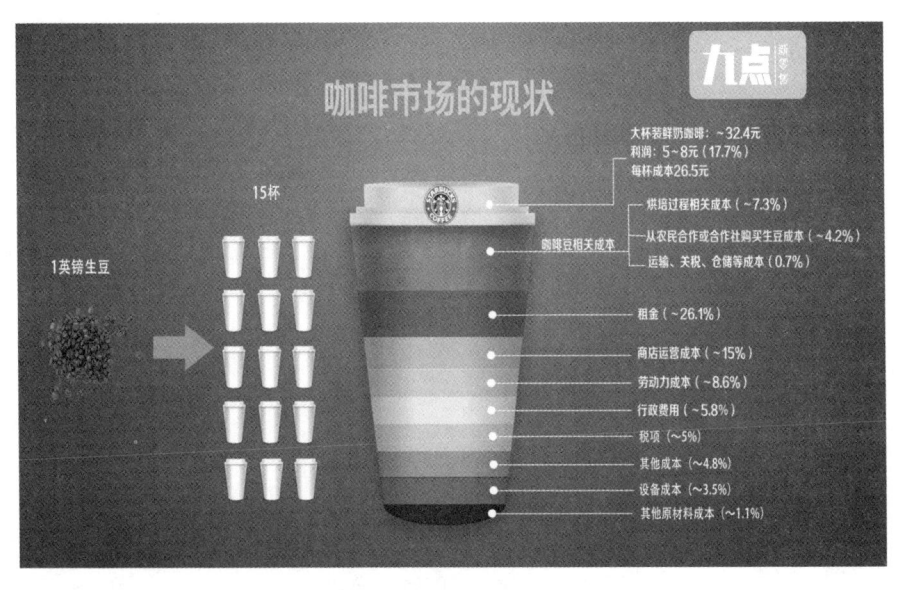

[咖啡市场的现状图示]
- 大杯鲜奶咖啡：～32.4元
- 利润：5～8元（17.7%）
- 每杯成本26.5元
- 烘焙过程相关成本（～7.3%）
- 从农民合作或合作社购买生豆成本（～4.2%）
- 运输、关税、仓储等成本（0.7%）
- 租金（～26.1%）
- 商店运营成本（～15%）
- 劳动力成本（～8.6%）
- 行政费用（～5.8%）
- 税项（～5%）
- 其他成本（～4.8%）
- 设备成本（～3.5%）
- 其他原材料成本（～1.1%）

图 24　咖啡市场的现状

将这张图分析透彻，我们就能知道要进入咖啡市场应该从哪里入手。

（1）从目标对象看潜力

瑞幸咖啡的目标客户是谁？很多人认为其定位的目标是商务人士，其实商务人士仅仅是它的切入点，是为树立品牌基调而主攻的市场。它真正的目标群体更为广泛，包括商务人士、具有"小资情调"的人以及在校大学生等，这些人分布在全国各个城市，在任何消费场景中都存在。

瑞幸咖啡把切入点放在了商务人士身上，商务人士在哪里喝咖啡呢？其实他们很忙，没有太多时间去咖啡厅坐下来慢慢品味一杯咖啡，咖啡的本质是一种休闲饮料，是有温度的，这种温度指的是生活的温度。

但商务人士是最早养成喝咖啡的习惯的，尤其是在一二线城市，商务人士工作压力巨大，经常加班，咖啡就成了必需品，大部分人把咖啡当作

133

功能性饮品在喝，因为它能够提神。

（2）规模经济效益

当互联网用户达到一定量级，移动互联网支付得到普及，大家习惯了在社交平台购物，商机也就随之而来。

新零售做的是渠道下沉，对应的是大规模定制，有了大规模定制才能进一步降低产品成本、运营成本，也就是说如果运营模式没有本质的区别，成本降不下来，就很难迅速发展起来。

瑞幸咖啡不分大杯、中杯、小杯，在价格上比星巴克便宜了很多，比自助咖啡机贵了一些。用星巴克的服务拿下自助咖啡机的用户，这是瑞幸咖啡一开始要做的事。

瑞幸咖啡的价格不高，但品质不低，其选择咖啡豆、咖啡机、辅料等都力求用最好的。它没有走按杯子的大小来定价的策略，而是按照咖啡的种类来定位，不同种类的咖啡用料不同，价格也就不同，一杯美式咖啡按照标准型、加浓型、焦糖加浓型等来区分价格，杯子大小统一。

当然，所有的规模经济都缺不了资本的支持。

在分析星巴克一杯咖啡成本的时候就已经说了，咖啡的运营成本最高，要想在保证产品质量和服务质量的情况下降低成本和价格，就必须在运营成本上下功夫。

图 25 所示是瑞幸咖啡的裂变逻辑。

05 重塑篇：电商社交化重塑整个行业

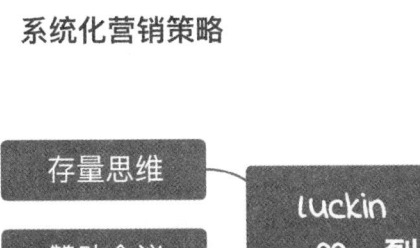

系统化营销策略

- 存量思维
- 赞助会议
- 赠一得一

luckin coffee 裂变

规模经济

- 物流成本
- 租金成本
- 人员成本

图 25　瑞幸咖啡的裂变逻辑

（1）物流成本

瑞幸设定的是无限场景，在任何地方，任何人都可以随时体验，这就涉及配送问题。瑞幸店铺布局为小规模、多网点的方式，每个网点限定配送范围，以节省物流成本。

瑞幸和顺丰快递合作，保证 30 分钟送达，顺丰快递的品牌给瑞幸做了背书。同时为了降低物流成本，瑞幸在 2018 年年底开启了两杯起配送的方式，但即使这样，物流成本依然占总成本的很大比重。

物流成本在新生的经济体里是必不可少的，而且这部分成本很可能会进一步提高。

（2）租金成本

开实体店就涉及租金，租金也占据着很高的成本，所以如果能降低租金成本，就能产生一部分利润。这个成本是按照星巴克的标准来算的，一般星巴克的门店面积相比国内的大多数咖啡店的面积都大。

135

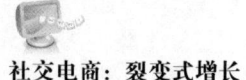

瑞幸大规模在商务楼下开外卖店就是在降低租金成本，将仓储和制作间一体化。外卖是其主要的销售途径，所以实体店不需要多大的空间。这种外卖店比起传统的咖啡店的成本要低很多，但其实解决的问题都是一样的。

这种形式既节省了租金，又把实体厨房展示给大家看，比自助机器销售更有人文关怀，也更安全。

有外卖店并不意味着就不做大的实体店，外卖店只是瑞幸在前期切入市场时的一种降低成本的方式。

（3）人员成本

最开始瑞幸唯一的付款途径是线上，也就是在 App 上付款，目的是为了把用户都集中在自己的平台上，以便于后期的运营，促进二次消费。其实这里有一个误解，即很多人认为设置一个唯一的付款途径，把用户集中在 App 上，以后用户就是自己的了。

一切要以用户的便捷性为主，否则会形成天然的阻碍，造成用户的流失。举个简单的例子，有一个生鲜新零售项目，在笔者住的附近开了一家店，于是笔者就去选了一些产品，在付款的时候，被告知需要下载 App 才能付款，于是就下载 App，但他们提供的 Wi-Fi 非常差，而且这个实体店还在地下一层，信号也特别差，笔者下载 App 没成功，于是只能放下东西走人。

瑞幸一开始唯一的付款路径也是 App，后来及时增加了小程序，毕竟大量的用户还是通过朋友圈裂变来的，直接用小程序下单更方便。让用户使用便捷也是互联网思维的一个重要逻辑，任何时候都不能忽略。

线上付费为实体店减少了收银员的人工成本，大规模的外卖店减少了装修成本和服务员的人工成本等。运营成本降低了，商业模式确定了，有了足够的利润空间，就有了迅速开拓市场的机会。

（4）存量思维

一切活动都是为了拉新，无论是针对老用户的活动，还是新用户的活动，线上活动如此，线下活动也如此。社交裂变的前提是要有一定的存量用户，也就是忠实用户。

这个存量的要求必须是活跃用户，且有一定的消费能力和消费频次，并乐于分享。如果没有一定的存量用户，那么想社交裂变很难。

瑞幸深刻地认识到，喜欢喝咖啡的人和喜欢电子产品的人是有一定共性的，即爱分享。同时咖啡也是食品，一旦习惯了这个口味，就会重复购买，长期消费。

（5）赞助会议

瑞幸从商务人士切入，获得第一批活跃用户的做法是，找到商务人士聚集的地方并为他们免费提供咖啡，且免费赞助各种高端论坛、会议、沙龙等。

商务人士在听别人讲话的时候是有时间慢慢品味咖啡的，他们在晒自己所参加的活动时，桌子上的咖啡也会成为活动的背景。在媒体报道论坛、峰会、沙龙时，配图中也可能会插入咖啡。这些都是咖啡曝光的机会，一场 100 人的活动，每人赠送一杯咖啡，营销成本不会太高，但效果是很好的。

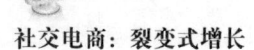

让用户尝鲜，不给用户带来过高的成本，这种论坛上的人都是精准目标用户，直接用产品做营销，远比花钱做广告实在。在用户品尝之后，如果没有二次消费，就只能说明两个问题，要么是产品有问题，要么是用户不精准，无论是哪个问题，针对问题及时解决都是好事。

这些就是瑞幸的第一批用户来源，后期就是激发用户裂变。所以做饮品的商家，在这一点上可以学习瑞幸，让目标用户先品尝到你的东西，才能看到产品是否能打动用户。

（6）赠一得一

瑞幸激发存量用户裂变的方式是，赠送好友一杯咖啡，自己也得到一杯咖啡。这里说的赠送不是买一张咖啡券送给朋友，而是把赠送的活动页面发到朋友圈，只要好友点击，就能免费领取一张咖啡电子券，同时自己也得到免费领取一杯咖啡的机会，赠送的电子咖啡券还可以累加，这个对大家的吸引力很大。

瑞幸"赠一得一"的活动，用一杯咖啡的成本不仅活跃了老用户，而且获得了一个新用户。"赠一得一"是通过用户转发后努力得到的，比"买一送一"所获得的满足感更大，因为"买一送一"是用户买来的，是花了钱的，这也是流量思维和营销思维的区别。

用户通过微信朋友圈分享给好友，在用户努力的同时，也实现了瑞幸的社交电商裂变。这种营销裂变赢在了创意中，而不是技术方法中。

瑞幸几乎天天都有活动，每一个活动都基于社交裂变，比如随机抽取优惠券、抽免费咖啡券、大转盘等。

05 重塑篇：电商社交化重塑整个行业

这也是笔者一直强调的，不要降价售卖，一旦价格降下来，就很难涨上去。在用户心里，降价意味着这个产品就值降价后的价格。

但优惠则不同，以各种噱头给用户发优惠券，用户会感觉自己得到了优惠。营销里有一个逻辑，就是让用户觉得自己占了便宜，认为自己比别人特别，受到了特殊的优待。

瑞幸的整个商业模式，从渠道下沉、成本效率原则到系统化营销，完全契合"新零售增长=渠道下沉+线上流量入口+新品牌实体店"。瑞幸在不断扩大消费人群，时时刻刻都在做增量，运用互联网运营来优化成本，用社交裂变获得流量。

社交电商：裂变式增长

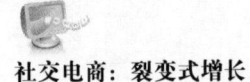

拼多多的渠道下沉、社交拼团裂变

拼多多用三年时间在美国上市，市值在中国互联网公司中的排名十分靠前。拼多多的营销模式是团购，团购模式在 2010 年就有了，当时中国有 4000 多家团购网站上演了一场"千团大战"，最后美团胜出。

团购就是一群人以相同的价格，同时购买一种商品的行为，以最优性价比的营销方式，快速增加销量。设定一个非团购的价格，而团购价格一定比非团购价格要低，利用人的互惠心理，让用户在团购之前做价格对比，达到一定的团购人数就能享受团购价格，并鼓励用户分享出去。

2017 年 9 月，拼多多用户突破 2 亿人，2018 年 8 月，用户突破 3 亿人。这个增长速度非常惊人，今天笔者就拆解、分析这个快速成长的新零售社交电商平台，图 26 所示是拼多多社交拼团裂变的因素。

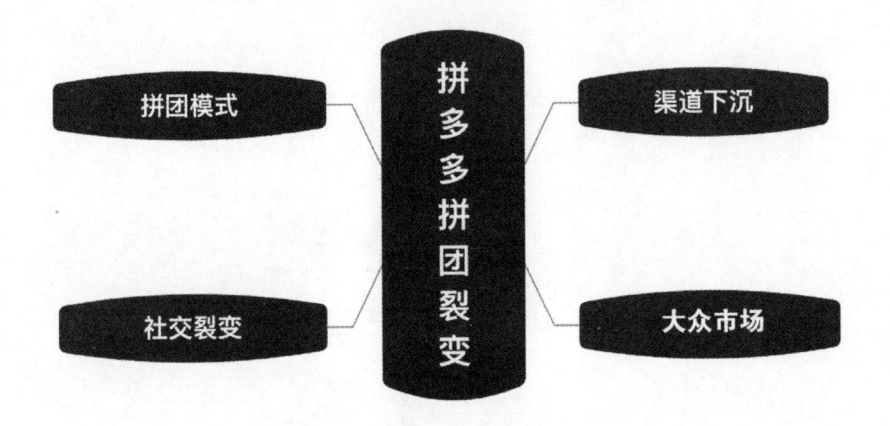

图 26 拼多多社交拼团裂变

（1）渠道下沉

在 2015 年前后，在 C2C 市场，淘宝开始大规模优化调整，有 10 万家商家被淘汰，这些商家基本都是生产低价大众产品的，整个 C2C 市场没剩下几家。

这一年，拼多多诞生了，一些生产大众产品的商家来到了拼多多，这就形成了一种红利，这些商家的供应链对应的是下沉消费人群。就像李善友老师说的：成就一家企业的其实不是创业者，而是价值网，是谁更需要你。

如果拼多多不存在的话，难道下沉消费人群就没有需求了吗？他们的需求谁来满足？总有平台会出来解决这个问题，因为有需求就会有市场。

而且，低价产品并不意味着是假货，因为价格和价值往往是对等的，在当下依然有很多人对低价产品有需求。

（2）大众市场

就像拼多多的创始人黄峥说的：我们做的不是低端市场，是大众市场。其实大众市场这个词才是事实。

互联网红利就是人口红利，互联网红利在消失，意味着人口增长在变缓，网民增长在变缓。

我们一直说 2018 年微信的用户已经达到了 10 亿人，物流基本能普及乡镇级单位，所有的基础设施已经完善，这个市场的电商正在蓬勃发展，而且这个市场中的用户没有对品牌、品质的过高要求，购物就是满足基本

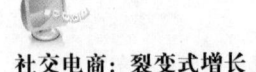

需求，用最低的价格买到合适的产品，满足生活所需即可，只要平台能做到比用户周围市场的产品价格更便宜、质量更好，那么该平台就有机会拿下这个市场。

（3）社交裂变

很多人认为是微信给了拼多多流量，拼多多才爆发起来的，其实微信只是给拼多多开了一个入口而已，至于怎么运营就要看拼多多运营产品的方式了，如何在微信朋友圈做社交裂变才是制胜的关键。同样，市场上大部分 App 和 H5 都可以在微信朋友圈自由分享。

淘宝的第一大品类是服装，京东的第一大品类是 3C 产品，拼多多的第一大品类是食品，这是由平台一开始的定位决定的，不同之处就在于平台给用户留下的印象。

拼多多是社交拼团玩法，人们在社交平台上的刚需是聊天，其中零食和饮料也是聊天的必备品，于是，拼多多找准了微信用户群体消磨时间的必备品，选择了这个品类。

食品也是高频消费品，用户进入拼多多购物基本上是无意识的，不像去淘宝、京东购物，有一定的目的。淘宝用户有 90%以上是通过搜索查找产品，而拼多多的新用户都是通过产品推荐或者老用户的分享进入的。

拼多多利用小程序做的一系列增长活动也值得大家学习，可以说是用小程序进行社交裂变的典范。

① 开红包领现金

打开拼多多的小程序，平台就会赠送 1 个红包，在领取之后，自己是不能拆开的，必须邀请一位好友帮忙拆开，红包总额没有上线，邀请的好友越多，所获得的现金就越多，获得的这些金额在 7 天内有效，当人数达到一定数量时，还有额外奖励。

每人每天有 3 次帮忙打开红包的机会，获得的奖励可以兑换成优惠券，无门槛使用，在购买产品的时候可以抵用。这种活动的优点是，在邀请好友帮忙的过程中会让更多的用户看到产品，在一定程度上提高了产品的曝光率，帮忙的好友也可以获得奖励，这有利于增加新用户。

② 开宝箱领现金

用户进入小程序的活动页面时，系统会赠送 1 个宝箱，提示只要邀请好友并将该活动页面分享到微信群，就可以 100%赢取奖金，如果在 24 小时内未邀请到 4 个以上的好友，该活动就失效，无法获得奖金。发起开宝箱的次数是不限的，获得的奖金在 36 小时内有效。

发起活动的就是团长，邀请 4 个好友帮忙拆，可以促进用户分享，在用户得到奖金后再促使其消费，提升转化率。

③ 1 分钱抽奖

支付 1 分钱就可以开团，开团后必须邀请好友才能成团，成团后获得中奖资格，可随机领取红包，有实物奖品，也有现金券。这个参与的门槛很低，但奖品非常具有诱惑力，比如 1 分钱就可以参与宝马汽车的抽奖，本质上和 1 元购模式一样，利用用户投机的心理，吸引用户参与，最后随机抽奖。

这种模式是拼多多一贯的拼团裂变方式，如果想参与该活动，那么除

社交电商：裂变式增长

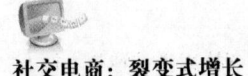

了支付 1 分钱外，还必须分享出去，邀请好友一起参与才算成功，进一步扩大了产品的传播力，且引进了新用户。

④ 打卡领红包

天天打卡领红包和天天签到领积分是一个逻辑，但领红包的吸引力比领积分的吸引力大。点击好友分享的卡片进入，就可以领取该好友的红包，分享到群里又可以领一次红包，基本上是无门槛可兑换的现金券，自己点击卡片分享出去就算打卡成功，也可领取红包。

拼多多把每天打卡这种常规的互联网运营方式玩出了新花样，提高打卡奖励，扩展打卡的延展性，鼓励用户在自己的社交圈子分享产品，提高产品曝光率，产生裂变。

⑤ 每日夺宝

打开活动页面，每天赠送用户一次夺宝的机会，提供十几种奖品，有各种现金券、商品等，每周一、三、五再额外增加一次夺宝次数。同时用户在每天参加夺宝之后，若分享给两个好友，则还可以获得额外的幸运值，在每周一可以将积累的幸运值兑换成优惠券。

⑥ 明星送红包

邀请一些明星，以他们的名义发红包，用户在抢到明星的红包后，可邀请 3 个好友帮忙拆红包，红包里的金额可以兑换成等额的优惠券，红包大小无上限，在活动期间每天发 100 万元的红包，成功领取一个红包后就可以继续领取下一个红包。

通过明星发红包的噱头，利用明星自带流量的特点吸引用户，而且把活动页面做成群聊天的模式,拉近了明星与用户之间的距离,也拉近了平台和用户的距离,开红包需要邀请3个人,仍然是利用用户的社交关系来引流。

⑦ 砍价免费拿

砍价是激发用户主动去传播的一种有效方式,进入活动页面系统会自动帮你砍价,并且引导你将活动分享到微信,在活动分享出去后,系统又会自动帮你砍价,提示你继续分享,并邀请好友帮忙砍价,在好友帮忙砍价后,会提示分享到微信群去开宝箱,在打开宝箱的时候,系统会再帮忙砍价,在3个好友帮忙砍价后,又可以开启一次宝箱,如此反复循环。

说起来有一点啰唆,但当你进入页面开始砍价的时候,就会一步步被吸引,因为每砍价一次,价格就低一些,在24小时内价格被砍到0元,就可以免费领取商品。用户分享到微信群的过程、邀请好友帮忙砍价的过程就是拼多多传播裂变的过程,把单一用户的社交关系尽量最大化利用。

利用小程序的社交裂变方式,形式在变,不变的是它的裂变逻辑,可以给予用户优惠和奖励,但必须帮助产品扩散才能获得,把社交电商裂变中的增量思维用到了极致。

(4) 拼团模式

拼多多玩的是拼团,可以两人成团,还有限时秒杀、品牌清仓、天天领现金、现金签到、砍价免费拿等以优惠促销为主导的活动,也就是说即使用户没有东西可买,也可以参与活动。

在拼多多的首页所推荐的一定是高频次的消费品,比如抽纸、洗衣液等。

社交电商：裂变式增长

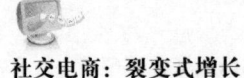

其实有很多用户在使用拼多多之前不知道自己想买什么，被朋友一推荐就形成了一种被动消费，这种情况完全契合微信用户的闲时使用场景逻辑。

拼多多有大量的低价大众产品，用来满足大众的生活需求。这些用户在消费的时候看重的是产品的功能和实用性，以及朋友的推荐，没有品牌的概念。

所以拼多多以单个产品为单位，发布一个产品，就送你一个店铺，有了货就可以直接在平台上销售，比淘宝、京东更简单，没有复杂的流程。而且整个购物的环节去掉了购物车，主打快消品，用拼团、秒杀等活动吸引用户，先付款再拼团，每个细节都在提高转化率、为平台引流。

两人成团，想拿到这么低的价格、享受优惠，就要拉一个用户进来，这个时候拼多多就多了一个用户，产品和活动的每一个细节都是为了增加用户量设计的，这就是增量思维，与瑞幸咖啡的"赠一得一"模式是一个道理，即用增量思维做运营。

拼多多上的用户是不是一直都喜欢低端消费品呢？显然不是，每个人的消费都在不断升级，用户在成长，对更高品质的产品的需求也在增长。

所以我们应该看到商机，用成熟的技术和能力延长产业链，不断降低成本，把高品质的产品以更低的价格提供给更广大的用户，这就是创新。

05 重塑篇：电商社交化重塑整个行业

盒马的社交场景式裂变

2018年11月30日盒马开启第100家店，又一次成为被谈论的热点，因为盒马毕竟是新零售行业的领头羊。

我们看看盒马的运营模式，其有超市、美食城、外卖，盒马把这些都做成了自营，自己一条龙服务。而传统的商超，还停留在租赁+自营的模式里。

盒马这种新零售模式被推到聚光灯下之后，永辉超市推出了"超级物种"，苏宁推出了"苏鲜生"等，尤其在盒马宣布自己实现了盈利之后，新零售企业对这种模式的追逐更甚。

但追逐这种模式，也要注意自己的运营成本，因为这种运营模式需要投入大量的资金、人力、物力。

图27所示是盒马场景式裂变。

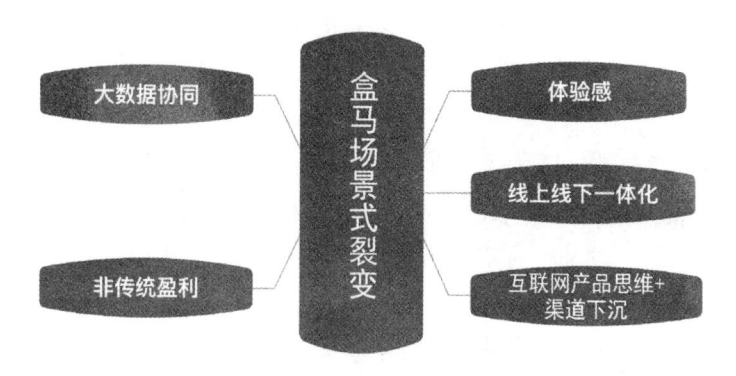

图27　盒马鲜生场景式裂变

社交电商：裂变式增长

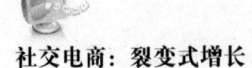

（1）盒马的体验感思维模式

盒马是较先提出新零售概念的，从 2015 年到 2018 年，盒马开了 100 多家店，用户超过 2000 万人。

电商平台一直无法满足非标品的购物体验，但电商人一直在尝试，比如大规模定制式的团购，反向定制的 C2B 模式，这些都是在解决非标品的体验问题。生鲜品类更是无法做到标准化，每个人购买生鲜品类的时候，都有自己的需求，也有自己的考量标准，这种需求就是体验，享受购物的整个过程，对视觉、触觉、听觉、味觉都有不同的需求。

美好的体验感是商超购物、餐饮的附加值。盒马目前给大众的印象是生鲜类的商超餐饮一体化，但在最开始，盒马以外卖档口为起点，后来逐渐转型。

盒马根据消费群体的不同和商圈性质的不同，开设有盒马便利店、盒马集市店、盒马餐饮店等。

（2）线上线下一体化思维

盒马的线上运营以 App 为主，App 是唯一的支付通道和营销渠道，目的是把用户都积累在 App 上。

所有的产品都可以在线上售卖，有半成品、成品、外卖餐饮等，在店铺 3 公里范围内，外卖 30 分钟即可送达，满足了线上用户各个场景的需求。

同时在线上和线下购买产品的价格相同，线下作为"体验场店+加工坊+餐饮店"，从原材料到餐桌，整个过程用户都可以参与，满足了用户对食

05 重塑篇：电商社交化重塑整个行业

物的好吃、好看、好玩的体验感需求。

从盒马的公开数据可以看出，盒马的用户大部分是从线上来的，也遵循了新零售的增长模式，流量入口在线上，而不是通过线下的模式不断地培养商圈周围的用户，这也是新零售和传统零售的一大区别。

（3）互联网产品思维+渠道下沉

互联网产品讲的是简单、快捷、好玩，但对互联网用户而言，价格便宜才是基础，盒马以生鲜产品为主，生鲜中的海鲜类产品是高消费群体的标品，但盒马通过互联网的模式来做，就不能把目标消费群体仅仅锁定在高消费群体。

要扩大目标群体，就必须将产品价格降下来，减低产品价格就意味着必须在别的地方缩减成本，比如去掉大量的中间环节，以直接采购的形式销售，这种优势就比较明显了，直接从原产地到消费者手里。

同时使产品加工坊和商超一体化，将加工产品的成本透明公开，让用户在体验的时候更直观地看到加工收费价格。几乎所有的加工作坊都是开放式的，用户可以看到产品的加工过程，不用担心厨房不干净，以及加工的是不是自己挑选的原材料等问题。

生鲜的价格降下来，就可以进一步扩大目标群体，把目标人群定位下调一个级别，让更多的人能消费得起，这也是在做渠道下沉，这比在餐厅消费更便宜、体验更好。

另外还可以从采购、运营、运输、配送、定制、实体店等方面不断地节省成本，一个实体店还可以充当仓库、卖场、配送点、加工坊、服务售

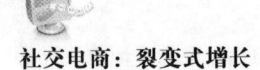

后店的角色。去掉的中间环节越多，节省的成本就会越大，利润也就越高。

店面产品的运营重点就是优选产品，不仅要给用户优惠，还要帮助用户挑选好的产品，把对每个产品的需求不断地细化，帮助用户节省时间，帮用户选出好的、对的产品。

有时候，产品的品种太多也会比较麻烦，因为同类型的产品容易让用户不知所措，影响购物的愉悦感。盒马对SKU是严格控制的，比传统的华润、永辉等商超的SKU少很多。

盒马把生鲜这种非标品进行了标准化，我们都知道生鲜的重量和品质各不相同，用户需要的分量和质量也不一样，所以放在线上售卖很麻烦。盒马上海中转仓的一线员工大开脑洞，设计出一种方形网兜，网兜上带四个钩子，可以挂在水槽的铁杆上，员工把虾称重后放入网兜，在水槽中饲养，网兜上有二维码，用户扫描二维码就可以知道虾的种类和价格等信息，这个微小的创新，使得非标品的生鲜线上化了。

（4）非传统盈利模型

在探讨新零售业态的盈利模式之前，先看一下实体店如何衡量盈利：一般用坪效来衡量，传统零售企业的坪效≤1.5万元/（年·m^2）；盒马坪效为5万元/（年·m^2）~10万元/（年·m^2），盒马已经达到了传统零售企业的3~6倍之多。

有很多商超都在线上平台开了店，可运营模式依然是传统的方式，配送时间较长，对于生鲜、蔬果类产品，如果配送时间过长，那么产品就会失去新鲜感，用户的体验也会差很多。但盒马的3公里范围内30分钟免费送达的效率，让其优势突显。

（5）盒马的大数据协同作战

盒马的大规模定制、以销定产，需要大数据的支撑，盒马依赖阿里巴巴的消费大数据，在开店之初就能预知店铺周围 3 公里范围内的用户消费画像，这一点是其他实体店很难做到的。

盒马还与天猫超市合作，天猫超市早已布局生鲜供应链，盒马利用这一条供应链，直接从海外采购受人们追捧的海鲜，并将成本降到最低。

加上菜鸟物流的大数据支撑，采用"全自动物流模式"，运用机器学习训练法，不断优化配送线路系统。

由阿里大数据协同，进一步降低运营成本、物流成本，降低生鲜品类的耗损，提高运营效率，这也是很多传统实体店无法做到的，但其中的很多经营方式都是可以套用的。

社交电商：裂变式增长

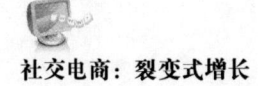

趣头条的社交挖矿式裂变

趣头条是一家资讯媒体平台，于 2016 年成立，在 27 个月后于美股上市，随后股价一路飙升，上涨超 190%，超乎很多人的想象。

今日头条、腾讯、百度、网易、搜狐等大平台都在资讯类自媒体领域发力，为了吸引自媒体创作者，不惜投入重金招募人才、培养人才……在市场竞争异常激烈的情况下，趣头条却突破重围，获得了大量的用户。

目前，泛娱乐内容占据了用户大量的时间，任何互联网巨头都不会放过这样的机会，所以也值得我们去研究。趣头条和拼多多一样做下沉市场，抓住了下沉市场的红利，也抓住了三四线城市互联网用户的红利。

这里需要向大家澄清一点，下沉市场并不意味着消费降级，消费降级指的是在原有消费产品的基础上降低标准，比如去年你每天出门都打车，今年可支配收入减少，出门只能坐公交、地铁，那么在出行上，你就消费降级了。

而下沉市场是将新的产品和服务带到下一级市场，原有市场用户的消费习惯并没有太大的变化。

2018 年在拼多多上的用户超过 3 亿人，从理论上讲，这些也是趣头条的用户，因为趣头条和拼多多一样都在做下沉市场，也说明趣头条的用户增长还有广阔的空间。

平台一旦确定了用户市场，就可以确定要提供的内容。从趣头条公布的数据可以看到，在它的视频类目中，广场舞的占比较高。

下沉市场用户的特点：①对价格很敏感，奖励对新生互联网用户很重要；②有大量的闲余时间；③在当地的人际关系很广，有很多亲戚朋友。

趣头条起初的"战场"就是微信，现在仍然在微信中战斗着，近两年微信的用户增长速度非常快，新增的新生代网民是标准的社交用户，也是趣头条的目标用户。

对新生代网民来说，更认可周围朋友的推荐，也就是自己的社交半径，除了朋友圈外，还有口口相传的效应。

在趣头条的用户数据里，年轻用户增速加快，女性用户占比更高，这和头条、微博等的数据不同，因为年轻女性爱分享有趣的事。

趣头条采用智能内容分发模式，根据用户兴趣，提供符合用户口味的内容，在用户注册趣头条账号的时候，系统就会为其提供多个内容类目，让用户选择，有娱乐、时尚、军事、美食等，用户也可以自行添加内容类目，通过机器学习智能算法和人工审核的方法给用户推荐内容。图28所示是趣头条裂变的模式。

社交电商：裂变式增长

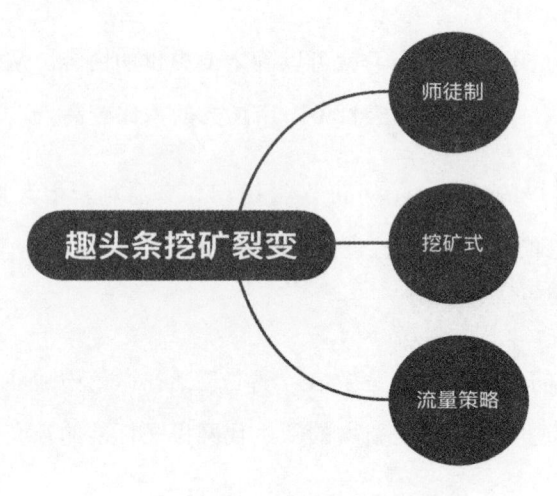

图28 趣头条挖矿裂变

（1）师徒制裂变模式

从"师徒制裂变模式"的名字基本就知道是什么意思了，就是人拉人的模式。趣头条的制度是每拉一个新人就奖励一些积分，而被拉入的这个新人就是拉人者的徒弟，相互之间类似于师徒关系。

"徒弟"拉来的人就是"徒孙"，只有当"徒弟"和"徒孙"都完成了相应的现金收入后，这种关系才会结束，当然如果"徒弟"发展了"徒孙"，也可以成为"师父"。

这看着有点类似于三级分销，但还是有一定区别的，"收徒"的方式比较简单，只要把邀请码发给对方，对方注册时填写邀请码即可建立"师徒"关系。

趣头条也有积分体系，当用户完成相关任务，比如阅读、邀请时，就会获得相应积分，而积分可以兑换现金。

积分有两个作用：获客和提高用户黏性。一方面，通过积分体系挖掘用户的社交关系链，从而更高效、低成本地实现大规模获客；另一方面，通过积分体系来稳住用户每天的使用习惯，让用户活跃起来，而不是只来一次。

平台作者也拥有积分的使用权，这意味着作者和用户可以互相激励，也就是作者也可以打赏活跃的用户，同时用户的评论还可以赚钱，这对用户的吸引力非常大。即使将这种方式延伸到培训上，也非常实用。

（2）挖矿式裂变模式

挖矿这种说法源自虚拟货币，按照区块链的逻辑，用户所有的行为都应该给予一定的奖励，目的是鼓励用户不断付出。

趣头条按照用户贡献给予相应的金币或者现金奖励，新注册用户可以获得 1 元红包，填写邀请码可以再获得 0.5 元，并可以随时提现。

用户在看文章、视频、评论、分享的时候都有金币收益，每天开宝箱也可获得一定额度的金币收入。这些都是奖励用户的方式，用户所有的行为都是可以得到回报的。

2016 年，用这种方式裂变的互联网公司还很少，但趣头条把这种方式和三四线下沉市场做到了完美匹配。在用户使用该平台后，为了获取更多的金币，需要不断地邀请好友来参与，新加入的用户可以直接领取现金。

从三四线城市及乡镇开始，从下而上打开市场，这是拼多多和趣头条都在做的事，而且相当成功。

（3）流量策略模式

趣头条的用户来自两个方面：用户裂变和外部采购，外部采购就是投放广告买流量。

这种裂变模式获得第一批用户相对比较容易一些，低成本裂变往往存在于第一个发现这个市场的群体中，用户都有尝鲜的需求，所以第一批用户可以低成本获得。当第一批用户邀请好友后，第二批用户再分享出去，引流的效果就会差很多，因为社交半径的重叠会越来越严重，用户增长也会变缓。

趣头条的用户特征也是下沉市场整个群体的特征，他们的需求还有诸多的方面没有得到满足，比如，你在一二线城市看到的很受欢迎的产品和服务，在三四线城市、乡镇市场可能看不到，那么就存在红利。

趣头条用户在消费时更关注产品性价比和品质，注重自我享受。用户经常浏览的内容有：娱乐、社会、电影、美食、音乐。用户带有明显轻娱乐倾向，在汽车、金融、3C、快销品等领域有较强的消费意愿。

趣头条属于资讯类自媒体平台，其电商裂变和今日头条一样，重视流量变现，用垂直深度的内容和用户沟通，重点做品牌故事营销和口碑提升。

每日优鲜的近场景社交裂变

面对办公室的无人货架、无人冷柜,你会不会买单?

零食、水果、饮料对上班族来说是刚需,如果按照场景化思维划分,办公室是一个社交场景,也是一个很大的消费场景,和家里消费场景一样,离用户很近,上班族每天有一半的时间在办公室。除了正餐外,其他的时间也会消费休闲食品。

把货架放在各个公司里,把各种零食、饮料放在货架上,并放着二维码,办公室人员在购买时直接扫码选购商品,付款完成后,直接拿走商品即可,没有任何监管,全凭自觉。

但也面临运营成本、维护成本的问题,虽然没有店面租金成本、店面人员成本,但供应链的把控也是非常不容易的。

2014年每日优鲜成立,在2018年的"双11",每日优鲜平台交易额同比增长611%,平均送达时间为26分钟左右。图29所示为每日优鲜的近场景裂变。

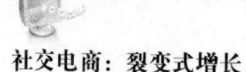

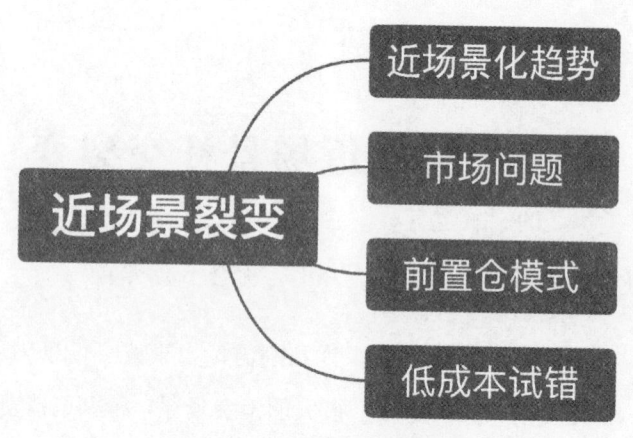

图 29　每日优鲜的近场景裂变

（1）近场景化趋势

从零售场所的演变来看，从市集到超市，再到社区便利店，零售场所和人的距离越来越近，商家也恨不得把所有产品放在用户触手可及的地方。

购物从商圈到身边，比便利店更近的地方就是无人自助货架，无人零售把产品销售作为任何活动场所的辅助功能，配置到各个办公区、商场、地铁站等。

对于零售业来说，如果你的物流速度、产品到达用户手中的效率是别人做不到的，那么你就能迅速占领这个市场。

近场景化零售是一种趋势，产品离人越来越近，无人零售的价值也在这里，用户对产品的需求很多是在几分钟、几秒钟之内产生的，所以应该在人群聚集的地方以各种低成本的方式提供产品，让人们触手可及。

从2015年开始，生鲜的主力消费人群为"80后""90后"和"00后"，这三个群体都是在互联网环境下成长起来的，每日优鲜的目标人群也是他们。他们购物的方式会首选线上，在线上去搜索、获得信息，完成购买决策和交易，同时他们在生鲜类产品的选择上，更在乎健康、新鲜、营养，同时对水果类产品的需求在迅速增长，对半成品的需求和零食的需求也在增长。如果把做好的水果拼盘放到用户手边，并把价格降下来，那么他们总会消费的。

（2）市场问题

把生鲜水果送到家，这是硬需求，现在大部分超市都在做到家的场景，比如多点、京东到家等，每日优鲜把柔性供应链铺设到各个小区，从用户下单到收货可以在两小时内完成，比在传统超市购物速度更快，服务更到家。

目前商超仍然以传统的购物场景为主，所以，生鲜水果到家主要还是依靠新生的平台来完成的，将平台、商家、供应链、配送等标准化。

办公室的购物场景大部分都是互联网公司在做，大多数无人零售也是在运营和供应链上出问题的，错误地预估了产品损耗和对供应链的把控。

（3）前置仓模式

每日优鲜最大的特色就是有前置社区仓和多温区的冷库，里面有冷冻、冷藏、恒温、常温区，分布着不同产品，所以它的送货速度很快，普通订单2小时送达，会员订单1小时送达。

前置仓的成本很低，用户统一在线上交易付款，由前置仓做仓储和配送，且前置仓的可复制性很强，所以在本质上每日优鲜是在做物流冷链。

在购物场景中，生鲜的品质需要冷链的支持，如果没有冷链，那么

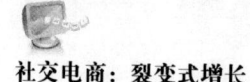

生鲜的新鲜感就无法保持，很多超市的冷冻柜、冷藏柜也是在解决这个问题。

（4）低成本试错

前置仓是基础建设，在开始时先做好一个仓，由创始团队亲自管理，用一个仓做试验，降低试错成本，这也是每日优鲜的低成本策略之一。

在开始建立前置仓时不看规模、不求快，先做通商业模式，再迅速复制。在前期做产品的时候就把营销基础搭建好，那么后期不管想做什么样的营销都会很顺利。但搭建营销基础的问题的重点是你要从哪些渠道获取用户。

获取用户的思路应该是互联网公司获客的思路，即在社交平台找机会。

到家模式缩短了用户的采购周期，到家的生意更像是社区零售，无人零售比社区零售更接近用户。办公室人员的零食、饮料、一日三餐都可以通过无人零售解决，但目前仅仅是一个初级阶段。

电动汽车的社交自传播裂变

汽车电商是一个重资产的领域,需要大量资金支撑,资本化是唯一的出路,也是撬动市场的主要手段,但中国汽车金融渗透率很低,远远低于全球平均水平。

而多数电商平台不具备交付能力,需要用户通过4S店提车,交易周期长,资金压力大,很容易造成亏损。

2016年,第一批汽车电商平台几乎全军覆没,但并没有终止汽车领域对于电商化及新零售模式探索的步伐。2018年,无论是从业者还是研究者似乎都嗅到了一丝汽车电商领域回暖的气息。

2018年7月,一汽大众开了网上商城;同年10月20日,一汽丰田官方旗舰店正式上线;11月20日,团车网正式在美国纳斯达克上市;11月29日,一汽轿车与苏宁易购签订合作协议,要在渠道互补、汽车智慧零售等方面展开深度合作。

在2018年"双11"期间,各汽车电商平台的新车销量如下。

天猫平台预售了近8万辆,大搜车当天成交量是13 455辆,弹个车当天成交量是12 306辆,易车当天成交量是413 559辆,花生好车当天成交量是6238辆。

比新车销售更活跃的是二手车电商平台,比如瓜子二手车、人人车、

社交电商：裂变式增长

优信等，这些二手车电商平台在2018年动作频繁，不仅广告铺天盖地，上市以及融资的消息也不断出现。

尽管如此，汽车电商所面临的根本问题，即交付能力问题依然未能解决，因为其对线下实体店涉足很少，很难把控供应链，也很难打破现有的经销商模式。

即便是规模较大的瓜子二手车平台，其经营模式也仅仅停留在撮合交易方面，即使开始布局线下店，也仍然考验其线下的运营能力，同时会受二手车市场规模的限制，在短时间内很难有较大的突破。

在传统汽车电商市场有四方利益制衡：品牌商、经销商、电商平台、用户。中间环节越多，成本就越高，服务也很难统一起来。同时传统汽车市场的整体增长乏力，2018年，中国车市出现了负增长，2019年传统汽车的电商之路依然困难重重。图30是造车新势力示意图。

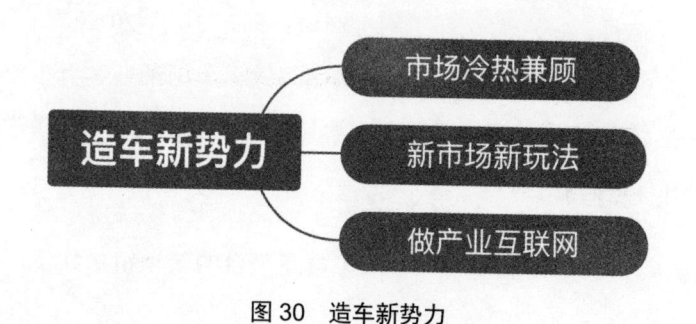

造车新势力
- 市场冷热兼顾
- 新市场新玩法
- 做产业互联网

图30 造车新势力

（1）市场冷热兼顾

2018年，新能源汽车销量上扬的曲线给寒冷的汽车市场带来了一丝温暖，而且在商业模式上都有创新。

05 重塑篇：电商社交化重塑整个行业

汽车电商的出路不在于组建汽车电商平台，也不在于鼓励经销商在电商平台开店，这些都是辅助功能，重点在于商业模式，只有介入生产制造、品牌、销售，做汽车生态圈，打通所有环节，才有可能让这个行业有较大改变。虽然这个过程并不容易，但在某种程度上也是创业者的机会。

汽车行业是一个复杂的链条，有很高的门槛，需要大量资金的持续投入。我们只是从运营角度来看这些新玩家的新玩法，自创品牌、自己生产制造、打破原有4S店的经销模式，用互联网的运营模式重新思考和布局销售渠道，这也是当下最热的商业概念：新零售模式。

（2）新市场新玩法

现在的造车新势力从技术研发、生产制造、渠道销售到售后服务，每一个环节都在努力参与其中，资金需要投入在研发及生产制造领域，所以如果还是坚持使用线下的运营模式，则无法与传统汽车厂家竞争。

但这并非根本原因，事实上，最根本的原因是用户群体的改变。新能源汽车的目标用户大多定位在"90后"等新生代人群，他们对高新技术和智能体验有更高的追求。

新能源汽车在线上获取流量，在社交平台做裂变，就要遵循社交平台的规律，满足社交平台用户对产品的需求。

（3）做产业互联网

产业互联网链接的对象包括人、设备、技术、软件、工厂、产品、手机终端等，结合汽车产业自身的特点，或许汽车新零售能够成为率先完成产业互联网的行业。

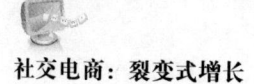

汽车新零售最容易见效的就是新能源汽车领域，虽然其现在体量很小，但势头很猛，已经走在由政策驱动购买到产品渠道购买的转变过程中。

2019年，新能源汽车的态势继续上扬，"车"将变成一种智能化的生活方式，汽车行业要上接云端，下接实体硬件，连接所有的服务、外部硬件及应用，同时具备很强的数据处理能力。

笔者相信"车联网"很快就能实现，人工智能、科技感、游戏化会是这个新商业的主题，而新零售是实现这一目标的最好的方式。

社区电商的社交复制裂变

最后一公里经济,指的是在用户所在的一公里范围内,随时随地可以买到任何产品,让产品离用户近一些,再近一些。从商场、超市,到社区便利店,再到共享货架。

尤其是对于一些高频次的消费品,比如蔬菜、水果等,用户每天都需要,以"80后""90后"为主的互联网"原住民"逐渐掌握了家庭消费的主权,他们每天都面临着巨大的工作压力和生活压力,每天高频次的购物成了一件很困难的事。于是衍生出了社区电商,结合当代人的生活节奏,让大家购物更便捷。

大部分社区电商都是把生鲜作为切入口,原因很简单,根据目标用户的生活节奏来看,周一到周五早出晚归,很少有时间买新鲜的蔬菜、水果,为用户节省掉买菜的时间就是社区电商最重要的事,也是社区电商的核心价值。

超市、菜市场、水果店的生鲜蔬果类产品,从原产地到批发市场,再到达超市,最后到达用户家里,这个环节浪费的时间,使得生鲜蔬果类产品很难新鲜。

生鲜不仅仅是快消品、必需品、高频次消费品,而且是非标准品,几乎所有的电商平台和线下超市都在做生鲜,却没有形成一种商业模式。

图31所示是社区电商复制裂变的因素。

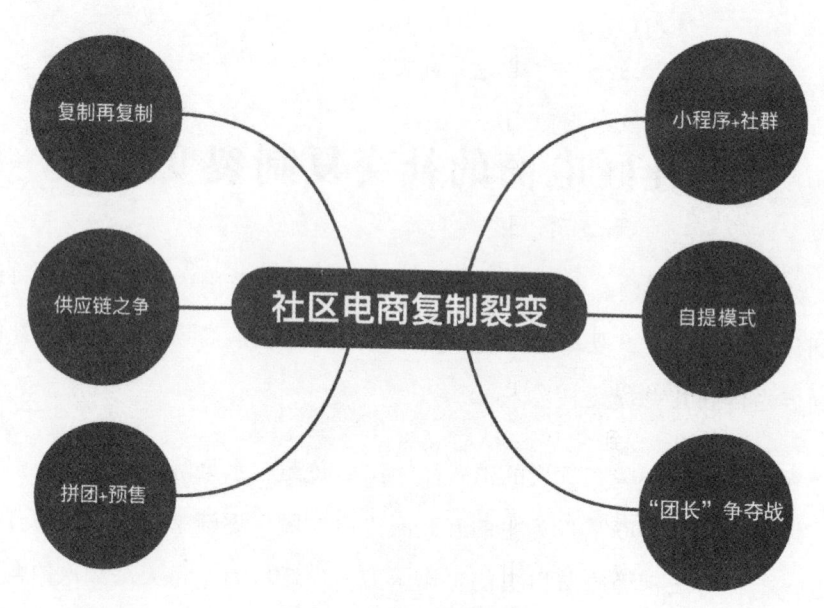

图31　社区电商复制裂变

（1）小程序+社群

每一个小区都有很多用户群，这些群基本都是从核心的业主群裂变出来的，群成员基本是小区的住户。这种群的用户相对精准，他们对周边的商业了如指掌，相互之间的信任度远远高于网购。

社区电商要做的就是以最便捷的方式把蔬果提供给用户，同时要保证蔬果的新鲜、安全，价格相对合理，这是最基本的要求。

社区电商是社交电商的一个分支，所有的店铺和流量都来自线上，不需要在小区周边租商铺，所有小区用户都可以在线上下单。

线上产品展示和用户下单可以使用小程序，小程序可以和微信群相辅相成，微信群的功能是维护用户，提高用户的活跃度，做各种营销活动，小程序就是下单购买的入口。

社群的运营很简单，在建立小区社群的初期就进入业主群，让小区的业主成为自己的好友，与他们进行沟通交流，一段时间后，再把这些人聚拢在一起，说清楚目的：给大家新鲜的、高性价比的蔬菜、水果。平时在群里发一些当地资讯，节假日发一下红包，提高用户活跃度。

（2）自提模式

这几年有大量的平台涉足生鲜这块业务，基本上可以达到 60 分钟送到，甚至 30 分钟送到。但这又存在一个问题，就是时间匹配的问题。

这个时候，自提模式就显现出了优势，用户可以随时下单，产品送至自提点，由自己提取，而不用担心送货时不在家的问题，取货时间完全由用户掌控。

（3）"团长"争夺战

社区电商的核心流量来源是小区的社群，社群的群主就是我们说的"团长"，团长对于社区电商来说非常重要，未来的社区电商平台对团长的争夺不亚于直播平台对优质主播的争夺，因为他们都是自带流量的。

团长在群里维护用户关系，做一些活动，同时负责需要送货上门的服务，当然，团长在这个过程中相当于传统的代理，所以会分走一部分销售提成。

社区电商是一种新的电商形态，扎根于每一个小区，市场规模非常庞大，但社区电商的市场比较分散，涉及的服务细节也比较多，无法做大规模的广告投放和运营，需要一个小区、一个小区地去做。

进入社区电商的创业者会很多，当资本介入的时候，争夺市场份额，

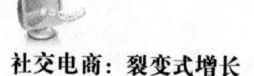

必然会陷入价格战的恶性竞争。这个时候用什么来保证团长的稳定性？如果仅仅从利益上去维持，则很容易被竞争对手挖走。

目前社区电商还处在初级阶段，基本都是一些人兼职在做团长，而且很多团长同时和几家社区电商平台合作，担任多家平台的团长。所以关于团长建设，可以实行合伙人制度，按照合伙人的模式来运作，相当于将小区交给团长运营，公司提供供应链、自提点租赁、装修等，团长负责配送、服务、推广、拉用户，让团长把这件事当成一个事业来做。

（4）拼团+预售

社区电商的形式比较简单，就是"拼团+预售"的模式，这种模式的好处是以销定产，能最大限度地减少损耗。按照用户的喜好可以提前备货，再通过各个小区用户的真实购买数据进货销售。

如果要吸引用户扩展商品品类，则可以做品类轮换，比如，每天 20 种蔬果做拼团，第二天再换另外 20 种，每 3 天做一轮换。这样不仅能够让用户有所期待，也能减少运营成本，不断优化供应链。

预售就相当于大规模的定制，对于蔬果类，应季产品有很多，可以提前布局。预售完成后，就有了议价的能力，可以用最小的成本来提供最优质的产品。

（5）供应链之争

社区电商销售的产品还可以扩展到生活日用品等品类，这就涉及供应链的问题，前期很多社区电商公司都是从批发市场进货，相当于从二级代理那里进货，成本较高。蔬果类的差异化很难做出来，想在价格战中胜出，就一定要降低成本，否则在供应链上就已经输给了竞争对手。

社区电商是从传统电商演变而来的，有进步才是新模式，才能被当下的人群接受，它的模式正在逐步形成，很多方面都已经明朗。就像很多标准品一样，利用互联网的方式，逐步摆脱中间商，去掉中间环节，走原产地直供的模式，平台只是为商家和用户提供了便利。

（6）复制再复制

一个社区电商项目如果在所开发的第一个小区不能实现盈利，那么在规模化之后就更难实现盈利了。只有把第一个小区做好了，才能更好地开发其他小区。如果单个小区实现盈利了，那么迅速扩大规模就能实现更多的盈利，这也是大部分投资人喜闻乐见的。就像开实体店一样，要不断地算单个小区的利润，否则很容易陷入重资产的困境，要保持产品一直在路上，而不是储存在自提点。